Elisabeth Elliot

Licht ist stärker als Finsternis

Verlag der
Liebenzeller Mission
Bad Liebenzell

Miriam Kenyon,
meiner lieben Freundin,
einem lebendigen Beispiel selbstloser Liebe

Die amerikanische Originalausgabe erschien unter dem Titel
»Love has a price tag« by Christian Herald Books,
Chappaqua/USA
© Copyright 1979 by Elisabeth Elliot
Aus dem Amerikanischen durch Maria Walker

ISBN 3 88002 181 3

Alle Rechte vorbehalten, auch der auszugsweisen Wiedergabe und Fotokopie

© Copyright der deutschen Ausgabe by Verlag der Liebenzeller Mission, Bad Liebenzell
Umschlag: Art Reference, Sobek
Satz: Satzstudio Gerda Tibbe, Gauting
Herstellung: St.-Johannis-Druckerei, Lahr-Dinglingen
Printed in W.-Germany

Inhalt

Einleitung	7
Tiere — meine Lebensgenossen	17
Im Heiligen Land	21
Persönlichkeitstests	24
Weiblichkeit	30
Testament meiner Mutter	35
Wie auch wir vergeben ...	40
Der Unterschied zwischen mir und Sperlingen	44
Der Pfad nach Shandia	49
Alle Kreatur auf Erden	55
Fünf Kinder und Friede	60
Drei Häuser, drei Hütten Gottes	65
Notizen aus dem Tagebuch einer Großmutter	71
Bemerkungen zum Gebet	76
Material für den Opferdienst	80
Ein Konvent, ein Wintersturm und eine Hochzeit	84
Liebe kostet ihren Preis	89
Worauf es ankommt	94
Licht ist stärker als Finsternis	98
»Schund-Nahrung«	102
Nichts ist ausgeblieben	107
Über Mutterschaft und Gottlosigkeit	112

Einleitung

In meinem Arbeitszimmer hängt ein Bild von neunzehn Leuten im Hinterhof eines alten Hauses in Philadelphia. Die Männer mit hohen, steifen Krägen, schmalen Rockaufschlägen und Mittelscheitel stehen in der hintersten Reihe. Die Frauen in langen, schweren Röcken sitzen mit gestrafften Schultern vor ihnen. Ihre Hände liegen im Schoß. In ihrer Mitte ist ein alter Patriarch mit langem Bart. Auf einem Orientteppich, der auf dem Rasen ausgebreitet liegt, sitzen drei Jungen. Der kleinste Junge ist mein Vater im Alter von zwei Jahren. Er trägt einen Anzug mit kurzen Hosen, schwarze Strümpfe und hochgeschnürte Schuhe; auf seinem Gesicht liegt ein Ausdruck der Bestürzung.

Das war Familie Trumbull. Wenn ich das Bild ansehe, denke ich daran, wieviel mir mitgegeben wurde, wieviel aber auch von mir verlangt wird. Auch wird mir klar, daß es mich nicht wundern sollte, daß ich Schriftstellerin bin. Auf dem Bild sind fünf Schriftsteller — der Patriarch selbst, mein Urgroßvater, Henry Clay Trumbull, der im Bürgerkrieg Geistlicher war und viele Bücher schrieb; sein Sohn, Charles Gallaudet Trumbull, der ein Büchlein mit dem Titel »Das Leben, das gewinnt« schrieb, von dem Millionen verkauft wurden; sein Schwiegersohn, Samuel Scoville, Zeitungsjournalist, Botaniker und Verfasser vieler Jugendbücher; noch ein Schwiegersohn, Philip E. Howard, mein Großvater, und sein Sohn, Philip E. Howard jr., mein Vater. Neben dem Verfassen von Büchern und Artikeln arbeiteten alle außer Scoville bei der »Sunday School Times«, einer überkonfessionellen Wochenzeitschrift, mit. Mein Vater folgte seinem Onkel Charlie als Chefredakteur, und in meinen frühen Erinnerungen sehe ich ihn mit großen Schritten die Washington Lane vom Bahnhof in Germantown, einem Vorort von Philadelphia, heraufkommen, mit einer Mappe voller Manuskripte unter dem Arm, die er abends las.

Mein Vater bewahrte in der Nähe des Eßzimmertisches ein Wörterbuch auf, damit wir, wenn im Gespräch Fragen über Bedeutung oder Aussprache von Wörtern auftauchten, diese sogleich klären konnten. Es wurde verlangt, daß man sich stets einwandfrei ausdrückte, und zwar ungeachtet dessen, was wir Kinder im Umgang mit unseren Schulkameraden hörten.

Obwohl er nie etwas anderes als die klarsten, geradlinigsten, an der Bibel orientierten Sachbücher verfaßte, hatte er doch die Augen und Ohren eines Romanschriftstellers. Er konnte sich an die Farbe der Strümpfe eines Besuchers in seinem Büro erinnern oder an die Form der Daumen eines Gastes beim Abendessen. Er konnte wortgetreu wiedergeben, was jemand zu ihm gesagt hatte, und mit äußerster Genauigkeit eine Straßenszene beschreiben, die er auf dem Weg zur Arbeit beobachtet hatte. Er war Amateur-Ornithologe und konnte, obwohl er wegen eines Unfalls in seiner Kindheit nur noch ein Auge hatte, Vögel sehen, die wir, mit zwei Augen, erst nach fünf Minuten entdeckten. Er lehrte uns, auf die Dinge um uns herum zu achten und das, was wir sahen, in Worte zu fassen. Einige Jahre lang veröffentlichten wir eine Familienzeitung, »Chirps from Birdsong«* (Birdsong hieß unser Haus in New Jersey), die er herausgab und für die wir Beiträge verfaßten. Er bat dann um ein Gedicht, eine Geschichte, einen Nachrichtenbeitrag oder eine Karikatur von verschiedenen Familiengliedern, und das war natürlich eine Aufforderung, der wir gern nachkamen. Meine ersten »veröffentlichten« Werke erschienen in dieser »Chirps«.

Wir waren sechs Kinder, und der Altersunterschied zwischen dem ältesten und dem jüngsten betrug sechzehn Jahre, aber die drei ältesten von uns erinnern sich noch an die Weltwirtschaftskrise. Mein Vater verdiente ungefähr zweitausendfünfhundert Dollar im Jahr. Wir wohnten in einem Zweifamilienhaus in einem Wohngebiet von Germantown, das heute ein Elendsviertel ist, und hinter dem Haus war ein nur taschentuchgroßer Platz, der eher Haarnadeln und Hosenknöpfe hervorzubringen schien als Gras. Wir wußten nicht, daß wir »arm« waren. In jenen Tagen standen oft Hausierer vor der Tür, die Schnürsenkel, Nadel und Faden oder Wäscheklammern verkauften. Meine Mutter befahl uns, nichts zu kaufen, sondern ihnen bloß einen Groschen aus der Zehntenbüchse zu geben. Meine Eltern nahmen es mit dem Zehnten sehr genau, und die Geldbüchse in der Eßtischschublade war ein Teil des Geldes, das Gott bekam.

---

* Deutsch: Gezwitscher vom Vogelsang; Anm. d. Übers.

Da wir nun immer in der Stellung der Gebenden waren, dachten wir, wir seien wohlhabend. Süßigkeiten waren jedoch selten und daher viel geschätzter, als sie heute zu sein scheinen. Ein »Milky Way« mußte bei uns allen die Runde machen, und ich glaube nicht, daß wir mehr als zwei im Jahr bekamen.

Hingegen war es ein besonderer Genuß, wenn wir Samstag nachmittags mit meinem Vater am Thomasplatz, einem Teil des Fairmount-Parks, spazierengingen und er uns Vögel zeigte, ihre Stimmen nachahmte, Farne und wilde Blumen der Art nach bestimmte und, was am besten war, auf geheimnisvolle Weise in hohlen Baumstämmen oder hinter Steinblöcken Salzgebäck für uns »fand«.

Einmal stellte meine Mutter am Valentinstag kleine Papierbecher mit roten Zimtzuckerherzen an unsere Plätze am Eßzimmertisch. Kurz vor Ostern kam ich vom Kindergarten nach Hause und fand ein purpurrotes Küken, das aus einem bei der Warmluftklappe in meinem Schlafzimmer stehenden Karton herauspiepste. An dem Morgen, nachdem mein Vater von einer Reise nach Palästina zurückgekehrt war, die er für die »Sunday School Times« geleitet hatte, wachte ich auf und fand einen aus Olivenholz geschnitzten Esel auf dem Stuhl neben meinem Bett. Diese Überraschungen waren Höhepunkte meiner Kindheit, da sie notgedrungen selten waren. Die Dankbarkeit, die man dabei lernt, ist ein Segen von bleibendem Wert, den vielleicht jene oft verpassen, die »alles haben«.

In unserer Nachbarschaft gab es zweiundvierzig Jungen und außer mir nur noch ein Mädchen. Ich hielt mich von ihr fern, da unsere Familie die Religion ihrer Familie für höchst gefährlich hielt. Sie hielt sich wiederum von mir fern, weil sie einen tyrannischen Großvater hatte, der sie anschrie, sobald sie sich aus seiner Sichtweite entfernte. Gelegentlich durfte ich mit den Jungen spielen, bei denen auch meine Brüder waren, oder mit ihnen auf ihrem »Schlittenzug« den Hügel an der MaCallum Street hinunterrasen. Aber ich verbrachte ziemlich viel Zeit allein.

Ich war äußerst schüchtern — teilweise deshalb, weil ich für mein Alter immer sehr groß war. In der Empfangshalle eines vornehmen Hotels in Atlanta City rannte einmal ein kleines Mädchen quer durch den Raum, um mich zu fragen, wie alt ich sei. Die Demütigung war vollständig, als es beim Zurückrennen mit schriller

Stimme rief: »Oma, Oma, das riesengroße Mädchen da drüben ist erst sieben Jahre alt!« Wenn ich meinen Vater im Büro besuchte, fürchtete ich mich davor, daß die Leute wieder sagen würden: »Bist du aber groß geworden! Bald hast du deinen Vater eingeholt!« Er maß einen Meter neunzig.

Meine Eltern führten ein höchst diszipliniertes Leben. Mein Vater stand gewöhnlich um 4.30 oder 5.00 Uhr morgens auf, um in der Bibel zu lesen und für uns zu beten. Meine Mutter hielt die Wohnung in tadellosem Zustand, brachte das Essen immer pünktlich auf den Tisch und betete beim Zubettgehen mit jedem Kind. Ihre zur Gewohnheit gewordene Selbstdisziplin befähigte sie, auch uns zur Disziplin zu erziehen. Uns war klar, daß sie immer Autoritätspersonen waren. Über Regeln wurde nicht verhandelt. Unsere Meinungen wurden nicht befragt. Das war ihr Haus, und wir wußten, daß, solange wir darin wohnten, von uns erwartet wurde, daß wir uns nach ihnen richteten.

Meine Mutter hatte in jedem Zimmer eine kleine Rute griffbereit, meistens auf der Oberschwelle der Tür. Jeglichem Ungehorsam konnte schnell begegnet werden — oft genügte es schon, daß sie ihren Blick zum oberen Türbalken erhob.

Familienandachten fanden nicht einmal, sondern zweimal am Tag statt. Dazu gehörten Liedersingen, Bibellesen und Gebet. Wir wurden ermuntert, auch für uns allein in der Bibel zu lesen und Andacht zu halten. Wir gingen zum Gottesdienst, zur Sonntagsschule, zu Jugend- und Missionsstunden — kurz zu allen Veranstaltungen, die es in der Kirchengemeinde gab. Wir lasen Missionsbücher und hatten Missionare bei uns zu Gast. Meine Eltern waren fünf Jahre lang als Missionare in Belgien gewesen, wo ich geboren wurde. (Wir kamen in die Vereinigten Staaten zurück, als ich fünf Monate alt war.)

Vor nicht langer Zeit bekam ich nach einer Veranstaltung, in der ich das Familienleben bei uns zu Hause beschrieben hatte, einen Brief von einem Mann, der unter anderem schrieb: »Ich bin sehr froh, daß ich nicht Ihr Bruder bin. Solch eine Strenge hätte ich nie ausgehalten.« Ich hatte versäumt, den Spaß zu erwähnen, den wir miteinander hatten. Mein Vater konnte Geschichten erzählen, bis meiner Mutter vor Lachen die Tränen übers Gesicht liefen.

Wir Kinder hatten es schön bei ihnen und miteinander. Es war ein glückliches Zuhause. Wir wußten, daß wir geliebt wurden. Wir wußten, daß der Herr das Haupt unserer Familie war. Wir kannten unsere Grenzen, aber wir waren geborgen.

Ich glaube, daß es für mich, die ich aus einem solchen Zuhause komme, viel leichter ist, Gottes Züchtigungen als notwendige Maßnahmen seiner Liebe zu verstehen, als für jemanden, der nur das schwache menschliche Gefühl kennt, das man Liebe nennt und das im Gegensatz zur Disziplin steht.

Wenn sich jemand von uns über eine Arbeit, die uns aufgetragen wurde, oder über Bedingungen und Umstände beklagte, die uns nicht gefielen, erinnerte uns bestimmt einer von uns daran, daß das ein gutes »G.M.T.« (Gutes Missionstraining) sei. Es galt als selbstverständlich, daß wir, auch wenn wir keine Auslandsmissionare würden, dasselbe strenge Training brauchten. Wie sich herausstellte, gingen vier von sechs als Missionare ins Ausland.

Als mein Vater beim Tod seines Onkels zum Chefredakteur befördert wurde, hatte er genug Geld, um mich auf ein privates christliches Internat zu schicken. Dort begannen die Dinge in den Mittelpunkt zu treten, die man mich zu Hause gelehrt hatte. Manchmal »hat man Ohren«, um von Außenstehenden die treffenden Wahrheiten zu hören, die man sein ganzes Leben lang gehört, aber nie richtig aufgenommen hatte. »Lauf nicht mit einer Bibel unter dem Arm herum, wenn du nicht einmal unter deinem Bett saubermachen kannst!« — »Was du jetzt bist, das bist du. Es sind diese klitzekleinen Dinge in deinem Leben, die dich, wenn du sie jetzt nicht änderst, zusammenbrechen lassen, wenn du diese Schule verläßt.«

Ich wurde ermuntert zu schreiben — Gedichte für besondere Anlässe, Beiträge für die Schulzeitung und das Jahrbuch, Reden und literarische Vorträge. Ich mußte auf ein Podium steigen und Monologe und Deklamationen vortragen sowie an Podiumsdiskussionen teilnehmen. Ich fing an, Dinge zu durchdenken, Alternativen zu erkennen und Gedanken in Worte zu kleiden.

Ich absolvierte diese Schule mit allen nur erreichbaren Auszeichnungen. Unter anderem wurde ich — aus einer Klasse von zehn Schülern — auserkoren, die Abschiedsrede zu halten. Am Wheaton College war ich ein ganz kleiner Frosch in einem sehr großen Sumpf, doch es gelang mir auch weiterhin, hin und wieder zu schreiben. Ich war Nachwuchsreporterin bei der College-Zeitung, und ich trat einem Schriftstellerclub bei. Wenn ich mich recht entsinne, nahm ich nur an einer Sitzung teil. Jeder von uns las etwas vor, das dann im Kreis aller Anwesenden kritisiert wurde, und das Urteil über meinen Beitrag — ich glaube, es war ein Gedicht — war so niederschmetternd, daß ich nicht genau weiß, ob ich je noch einmal hinging.

Es gelang mir, mich die Leiter hinaufzuarbeiten bis zur Debattenmannschaft der Universität, in der so schillernde Themen wie »freie Marktwirtschaft« und »staatliches Eingreifen« behandelt wurden. Meine Kollegin war Liz Rice, eine der fünf langhaarigen Töchter von John R. Rice, dem Verfasser von »Bobbed Hair, Bossy Wives, and Women Preachers«*. Unsere Glanzstunde kam im Jahr 1947, als wir bei einem Wettkampf in Minnesota eine Art Meisterschaft im Debattieren gewannen. Ich trat aus, als ich die Beste war, und trat dem Gesangverein bei. Weil viel Reisen damit verbunden war, vertrugen sich Debattieren und Singen nicht.

Eine Woche vor meinem Abschluß faßte ein Student aus Oregon namens Jim Elliot, der im Griechisch-Unterricht neben mir gesessen und in der Halle vor der Bücherei mit mir den Thukydides studiert hatte, den Mut, mir zu gestehen, daß er in mich verliebt sei. Eine Heirat schien jedoch nicht in Frage zu kommen. Er war davon überzeugt, daß es Gottes Wille für ihn sei, wie der Apostel Paulus ledig zu bleiben, zumindest bis er lange genug als Missionar im Urwald gearbeitet habe, um mit Sicherheit sagen zu können, ob eine Frau hinderlich oder förderlich sein würde.

Es dauerte fünfeinhalb Jahre, bis wir von Gott grünes Licht zur Ehe bekamen, fünfeinhalb Jahre, in denen wir lernten, es ihm zu überlassen, worauf es am meisten ankam, in denen wir im Glauben und nicht im Schauen wandelten und auf die Verheißung aus dem 84. Psalm vertrauten: »Er wird kein Gutes mangeln lassen denen, die aufrichtig wandeln.«

Während jener Zeit studierte ich Linguistik an der Universität von Oklahoma, besuchte ein Jahr lang eine Bibelschule, arbeitete einen Sommer über als Heimatmissionarin in Alberta, bekam eine Stelle als Verkäuferin in einer Modeboutique in Philadelphia, unterrichtete zwei Missionarskinder in New Jersey, lehrte freies Sprechen an einer Mittelschule, verbrachte ein paar Monate in ei-

---

* Deutsch: Bubiköpfe, herrische Frauen und weibliche Prediger; Anm. d. Übers.

ner billigen Wohnung in Brooklyn, wo ich versuchte, von Puertoricanern etwas Spanisch zu lernen, und fand mich schließlich in Quito in Ecuador wieder, wo ich Spanisch lernte, indem ich bei einer Familie wohnte, die kein Englisch sprach.

Nach sechs Monaten in Quito und neun Monaten im westlichen Urwald, wo ich an einer Stammessprache arbeitete, die noch nie schriftlich niedergelegt worden war, ging ich in den »Oriente«, den östlichen Urwald, um noch eine andere Sprache zu lernen.

Jim Elliot arbeitete unter Quichuas und hatte mich gebeten, ihn zu heiraten — »aber erst, wenn du Quichua lernst«, fügte er hinzu. Meine Motivation war gewaltig. Ich lernte die Sprache — zumindest so gut, daß ich mich verständigen konnte —, und wir wurden in der Hauptstadt von einem Mann getraut, der bei uns in den USA dem Friedensrichter entspricht. Jim hielt nicht viel von Feierlichkeiten irgendeiner Art, immerhin war er in einer Familie der »Plymouth Brethren«* aufgewachsen; daher kamen wir überein, daß wir auch ohne den Wirbel einer Hochzeitsfeier auskämen, vor allem auch deshalb, weil weder Angehörige noch gute Freunde da waren, um das Fest mit uns zu begehen.

»Siehe, das ist unser Gott, auf den wir hofften«**, war unser Trauspruch. Wir hätten nicht in Frieden warten können, wenn wir gewußt hätten, daß unsere Ehe nur siebenundzwanzig Monate dauern würde. Doch Gott gibt uns unser »täglich Brot«, genug Gnade für einen Tag auf einmal. Als Jim im Januar 1956 starb, war die Gnade da. Er war mit vier befreundeten Missionaren aufgebrochen, um das Evangelium einem Stamm, namens Auca, zu bringen, aber sie wurden für Kannibalen gehalten und mit Speeren umgebracht.

Damals wurde nach Büchern gefragt. Die ganze Welt interessierte sich für diese Geschichte, und so fing ich an zu schreiben. Bevor ich Jim heiratete, war ich Missionarin, und es gab keinen Grund, keine Missionarin mehr zu sein, als er starb. Ich führte die Arbeit fort, die wir im Stamm der Quichua getan hatten, und schrieb zwischendurch, wenn ich Zeit dafür finden konnte. Dann ergab sich die Möglichkeit, zu den Aucas zu gehen und dort zu wohnen — ich hatte »darum gebeten«, hatte gebetet: »Herr, wenn

---

* Aus England stammende Brüdergemeinde; Anm. d. Übers.
** Jesaja 25,9; im Englischen steht hier für »hoffen« »warten«; Anm. d. Übers.

13

du willst, daß ich irgend etwas für sie tue, zeige es mir. Ich gehöre dir.« Und er nahm mich beim Wort. Ich hatte in Wirklichkeit natürlich nicht damit gerechnet. Ich war eine Witwe mit einem Kind von zehn Monaten. Was konnte ich tun, was fünf Männer nicht fertig brachten?

Aber wir gingen. Rachel Saint, die Schwester eines der getöteten Missionare, kam auch mit. Nachdem wir zwei Jahre in einem Auca-Dorf verbracht hatten, kehrten Valerie — meine Tochter — und ich zurück zu den Quichuas und schließlich, aus schulischen Gründen, zurück in die Vereinigten Staaten, als sie ins vierte Schuljahr kam.

Das Wunder, das damals unmöglich erschien, geschah im Jahr 1969, als ich wieder heiratete. Schon als ich zum erstenmal heiratete, dachte ich, es sei ein Wunder. Eine zweite Heirat konnte ich mir überhaupt nicht vorstellen. Addison Leitch war Professor an einem College und Schriftsteller, ein Mann von gesundem Humor und hoher Intelligenz, obwohl er sich nie als Gelehrter bezeichnen lassen wollte.»Ich zeige und erkläre etwas«, behauptete er.»Meine Aufgabe ist es zu sagen: ›Siehst du dies? Weißt du, was es bedeutet?‹« Er lehrte Theologie am Gordon-Cornwell Seminary in Massachusetts. Wir beide schrieben Bücher und Artikel und traten manchmal auch gemeinsam als Redner auf. Wenn er gefragt wurde, was er gern in seiner Freizeit tue, sagte Add:»Es mir mit einem guten Autor bequem machen!«

Schreiben war für Add Erholung. Er konnte kaum verstehen, wie ich jeden zweiten Monat so angestrengt an meinem Beitrag für den»Christian Herald« arbeiten konnte. Ich brauchte oft Tage dafür. Für den Beitrag, den er für»Christianity Today« schrieb, nahm er sich immer einen Vormittag Zeit. Dazu setzte er sich in einen bequemen Stuhl, sprach den Artikel auf Band und ließ ihn von einer Sekretärin abschreiben. Selten änderte er ein Wort.

Sein letztes Buch,»This Cup«*, handelt vom Leiden. Nicht lange, nachdem es erschienen war, stellte er fest, daß er Krebs habe. Uns blieben noch zehn Monate, bis er starb, zehn Monate, erfüllt mit medizinischen Untersuchungen und Behandlungen, Gebeten, Salbungen und Hoffnungen, die geweckt und wieder zerstört wurden.

---

* Deutsch: Dieser Kelch; Anm. d. Übers.

Vier weitere Jahre der Witwenschaft folgten, und dann kam das dritte Wunder — Lars Gren, ein ehemaliger Geschäftsmann, der mitten im Leben zu dem Schluß kam, daß er so nicht den Rest seines Lebens verbringen wollte, und noch Theologie studierte, um sich auf den vollzeitlichen Dienst vorzubereiten. Wenn eine Frau jemals überzeugt war, nur für einen Mann dazusein, so bin ich das gewesen. Doch hat jeder Meilenstein meines Lebens ein weiteres Auflösen von Kategorien bewirkt. »Ein dritter Ehemann, Herr?« Ich konnte nicht glauben, daß Gott das wollte. Doch der Herr weiß, wie er zu uns durchdringen kann, wenn wir aufrichtig wissen wollen, was er will.

Während ich betete und über die Entscheidung nachdachte, lenkte der Heilige Geist meine Aufmerksamkeit auf einige Worte aus 1. Korinther 12: »Menschen haben verschiedene Gaben, aber es ist derselbe Herr, der seine Pläne durch sie alle ausführt.«

Allmählich wurde mir völlig klar, daß Lars zu Gottes Plan für mich gehörte. Er war eine Gabe, die Gott mir zu geben versuchte, doch es dauerte eine Weile, bis er meine Aufmerksamkeit hatte und meine Kategorien wieder von Witwe auf Ehefrau umgestellt hatte, vom »ich« zum »wir«. 1977 heirateten wir.

Der ganze Sinn des Lebens, glaube ich, liegt darin, Gott kennenzulernen. Johannes schrieb: »Das ist aber das ewige Leben, daß sie dich ... erkennen« (Joh. 17,3). In jeder »Krise« meines Lebens habe ich danach Ausschau gehalten, was Gott damit im Sinn hatte, und habe mich bemüht, von ihm zu lernen. Ein Gebet von Phillips Brooks, das ich von meinem Großvater Howard bekommen hatte, wurde zum Bestandteil aller meiner Gebete: »O Herr, durch alles, was du mit uns tust, sei es Freude oder Schmerz, Licht oder Finsternis, laß uns dir nähergebracht werden. Laß uns keine deiner Gnadenzuwendungen nur deshalb schätzen, weil sie uns glücklich oder traurig macht, weil sie uns gibt oder verweigert, was wir uns wünschen; sondern alles, was du uns schickst, möge uns dir näherbringen, damit wir in der Erkenntnis deiner Vollkommenheit gewiß sein mögen in jeder Enttäuschung, daß du uns immer noch liebst, und in jeder Dunkelheit, daß du uns immer noch erleuchtest, und in jeder erzwungenen Untätigkeit, daß du uns immer noch gebrauchst; ja in jedem Tod, daß du uns immer noch Leben gibst, wie du in seinem Tode auch deinem Sohn, unserm Erlöser, Jesus Christus, Leben gegeben hast. Amen.«

Ich glaube, daß Gott Gebete erhört. Er ist dabei, auch dieses Gebet zu erhören. Aber er ist noch nicht fertig. Er bringt mich mit Geduld und Freundlichkeit näher zu sich. Jesus verhieß, daß sich der Vater dem, der ihn liebt und ihm gehorcht, offenbaren wird. Die Abhandlungen in diesem Buch entspringen den Ereignissen des Alltags und meinem Bemühen, Adds Fragen zu beantworten: »Siehst du dies? Weißt du, was es bedeutet?« Ich versuche, den Dingen auf den Grund zu gehen. Ich bitte Gott, mir zu zeigen, wie er sie sieht. Ich suche seine Meinung, denn letzten Endes ist echtes geistliches Verständnis keine Errungenschaft des Intellekts, sondern der göttliche Lohn für Liebe und Gehorsam. Und wenn bedingungslose Liebe auch ihren Preis fordert — was für ein vorteilhafter Preis ist es doch für solch einen Lohn? »Und mein Vater wird ihn lieben, und wir werden zu ihm kommen und Wohnung bei ihm machen« (Joh. 14,23).

Anmerkung der Autorin:
Diese Sammlung, die zuerst als einzelne Artikel alle zwei Monate in der Zeitschrift »Christian Herald« erschien, ist chronologisch geordnet, um die Erfahrungen meines Lebens als zusammenhängendes Ganzes zu bewahren. Gelegentlich auftretende Wiederholungen von Gedanken wurden stehen gelassen — menschliche Gedanken haben es an sich, daß sie sich wiederholen.

Tiere — meine Lebensgenossen

Kürzlich hörte ich beim Autofahren eine dieser »Anruf«-Sendungen im Radio und war froh, einmal eine Frage zu hören, die nichts mit Politik, Abtreibung oder Drogenproblemen zu tun hatte. Eine Dame wollte wissen, ob jemals herumstreunende Bastarde als Blindenhunde ausgebildet würden. Ihr taten all diese Promenadenmischungen leid, die sie auf der Straße sah, und sie dachte, es wäre schön, wenn sie dressiert werden könnten, um Blinden zu helfen, denn (und hier mußte der Moderator sie bitten zu wiederholen, was sie gesagt hatte, um sicherzugehen, daß er sie richtig verstanden hatte) dann hätten sie etwas, worauf sie sich freuen könnten.

Welche Vorstellung hatte diese Dame nun genau vom Denken dieser Hunde? Erlitten sie eine Identitätskrise? Langweilte sie das Leben auf der Straße, weil sie feststellten, daß keine große Zukunft darin lag?

Dann hörte ich eine Aufnahme vom Singen der Wale. Ich hätte es nicht geglaubt, wenn ich nicht gerade den faszinierenden Artikel »Herr der Fische« von Faith McNulty in der »New Yorker« gelesen hätte, in dem sie schreibt, daß Wale tatsächlich »singen«. Ein Mann names Frank Watlington, ein Ingenieur bei der Columbia University Geophysical Field Station auf den Bermudas, nahm das Singen mit einem Unterwasserhorchgerät auf.

Im Gegensatz zum Vogelgesang, der leicht und schnell erklingt, ist das Singen der Wale schwerfällig und langsam, eine Art gedämpftes Trompeten, vermischt mit Knarrgeräuschen und manchmal mit einem erstaunlich hohen Wimmern. Es klingt jubelnd und ungestüm, ängstlich und traurig, manchmal erinnert es an ein Echo. Ich hatte den Eindruck, daß der Wal manchmal mit verschiedenen Arten von Klängen experimentierte, und wenn ihm einer gefiel, hielt er den Ton eine Weile an, kehrte dann abrupt zu solchen zurück, die er zuvor geübt hatte, darunter sogar einem lauten, rohen Zischen.

Hier taucht natürlich die Frage auf, warum Wale solche Geräusche machen. »Das muß der Paarungsruf sein«, ist der erste Vorschlag, den die meisten Leute bringen. Doch diese Theorie wird von den wissenschaftlichen Untersuchungen nicht bestätigt. Die Wahrheit ist, daß bis jetzt noch niemand herausgefunden hat, warum Wale die Geräusche machen, die sie von sich geben. Aber dann muß man auch sagen, wie mein Mann betonte, daß bis jetzt noch niemand herausgefunden hat, warum Menschen die Geräusche machen, die sie von sich geben. Fräulein McNulty glaubt, die Wale sängen, damit sie nicht allein wären.

Ich kenne einen Polizisten aus Vermont, der an einem Tag während der Jagd-Saison als Wildhüter Dienst tat. Er saß still im Wald und hörte von einer kleinen Anhöhe her das Rascheln von Blättern. Kurz darauf erschien dreißig Meter entfernt ein junger Bär. Dieser legte sich auf die Seite und rutschte in den trockenen Blättern im Kreis herum, so daß er sie in der Mitte des Kreises zu einem Haufen zusammenschob. Dann kletterte er auf einen Baum und sprang in den Haufen hinein. Das machte er nicht nur einmal, sondern immer wieder. Es machte ihm offensichtlich Spaß.

Ich habe Tiere schon immer unwiderstehlich gefunden. Der Gedanke an ein Reich von Wesen, die gänzlich von uns getrennt und verschieden sind, uns aber dennoch anschauen und sich Gedanken über uns machen, fasziniert mich. Was geht in ihnen vor? Warum gibt es sie? Was hatte Gott im Sinn, als er sie schuf? Als er den Menschen machte, schuf er ihn zu seinem Bilde. Als er die Tiere schuf, ließ er seiner Phantasie freien Lauf. Aber nun begegnen wir ihnen. Wir atmen dieselbe Luft, wohnen auf derselben Erde und haben unser Dasein in demselben Schöpfer.

Deshalb versuchen wir, sie zu verstehen, und wir schreiben ihnen natürlicherweise unsere eigenen Vorlieben und Bedürfnisse zu — den Wunsch eines verlassenen Straßenhundes, der herumstreunt und auf irgendeinen sinnvollen Platz im Gesamtgefüge hofft; die Einsamkeit des riesigen Tieres, das durch dunkle Ozeane zieht und sein sehnsüchtiges Lied singt in der schwachen Hoffnung, daß Ohren dasein werden, die hören; die Ausgelassenheit des kleinen, einjährigen Bären, der sich ganz allein etwas herrichtet, was ihm Freude macht, und dann fröhlich auf den Baum klettert, sich fallen läßt, spielt und wieder hinaufklettert.

Diese Geschöpfe, nehme ich an, sind sich dessen nicht bewußt (doch vielleicht irre ich mich — vielleicht sind sie sich sehr bewußt), daß ein menschliches Herz hinausgeht, ein menschliches

Ohr hörbereit ist, ein menschliches Auge zuschaut. Aber vielleicht sind sich die Tiere des göttlichen Herzens, Ohres und Auges bewußt. Vielleicht sind sie nicht so vergeßlich wie wir. Selbst von jungen Löwen heißt es nach dem Psalmisten, daß sie »ihre Speise suchen von Gott« (Ps. 104,21). Schauen Sie sich das Gesicht eines guten Hundes an. In diesen feuchten Augen liegen Einfalt, Sanftmut und Ehrfurcht.

Gott wollte uns durch die Tiere unterweisen. Ich bin sicher, daß er unter anderem das im Sinn hatte. Nachdem er sich alle Argumente und Klagen seines Dieners Hiob und den ganzen Wortschwall seiner Freunde angehört hatte, antwortete er, indem er sich selbst offenbarte. Und diese Offenbarung, angefangen bei den Ausmaßen des Universums, der mächtigen Harmonie der Morgensterne, den Naturerscheinungen von Meer, Wolken, Schnee, Hagel, Regen, Tau, Reif, Eis und den Sternbildern, schloß mit den Tieren.

Hiob wußte damals nicht, daß sich Gott bereits selbst mit einer seiner eigenen Kreaturen identifiziert hatte, dem freundlichsten, arglosesten kleinen Tier von allen. Es war ein Lamm, geschlachtet von Grundlegung der Welt an.

Ich habe oft gedacht, daß jener schreckliche Aschenhaufen, auf dem Hiob sich kratzte und in seiner Not schrie, soviel leichter erträglich gewesen wäre, wenn Hiob nur die leiseste Ahnung davon gehabt hätte. Er war überwältigt, aber hatte er überhaupt eine Vorstellung davon, wie er geliebt wurde? Ich habe inmitten dessen, was mir wie Asche vorkam, im Gedanken an das Lamm Trost gefunden — und auch (hört sich das absurd an?) in der unentwegten Aufmerksamkeit und Zuneigung eines kleinen schwarzen Hundes. Denn ich denke daran, daß Jesus, als er in der Wüste versucht wurde, zwei Tröster hatte — Engel und Tiere. Der Bericht sagt, er »war bei den wilden Tieren« (Mark. 1,13), was ich früher so auslegte, daß er sowohl durch sie gefährdet war als auch von Satan versucht wurde.

Heute denke ich anders. Sie leisteten ihm in seinem schweren Kampf Gesellschaft.

Wenn die Last des Lebens uns zu erdrücken scheint, können wir für ein paar Minuten unsere Sinne anderen Kreaturen zuwenden — dem Wal, dem Bär oder Dingen, die »das Leben leicht nehmen, wie Vögel und Säuglinge«, wie Martin Luther einmal sagte — und daran denken, daß in diesem allen ein Opfer liegt. Das Lamm wurde zum Hirten, der die Schafe trägt und versorgt, der sowohl als Hirte als auch als Lamm sein Leben für sie gab und zum Schluß in der Offenbarung verheißt: »Denn das Lamm mitten auf dem Thron wird sie weiden und leiten zu den lebendigen Wasserbrunnen, und Gott wird abwischen alle Tränen von ihren Augen« (Offb. 7,17).

Im Heiligen Land

Soweit ich zurückdenken kann, wollte ich nie ins Heilige Land reisen. Ich glaube, der Hauptgrund waren jene einfarbigen Lichtbilder, die wir in der Sonntagsschule zu betrachten pflegten. Ich war enttäuscht, wenn ich erfuhr, daß jemand Bilder von Palästina zeigen würde. Alles, was man sehen konnte, waren quadratische, sandfarbene Häuser und sandfarbene Kamele sowie viele sandfarbene Landschaften, meistens Wüstengebiete, und eine Menge Leute, die lange Gewänder trugen, welche mich an unsere Weihnachtsspiele in der Sonntagsschule erinnerten, bei denen alle Bademäntel trugen und Handtücher um den Kopf gewickelt hatten. Die ganze Sache, nämlich sogenannte »heilige Stätten« zu sehen und heute da zu gehen, wo Jesus ging, und Ruinen zu besuchen, fand in mir keinerlei Widerhall.

Vor etlichen Jahren, kurz nach dem Sechs-Tage-Krieg, ließ ich mich jedoch überreden, nach Jerusalem zu reisen, und jetzt gehe ich wieder hin. Israel war im Jahre 1967 ein ungeheuer interessantes und ungeheuer trauriges Land. Da waren jene, die gesiegt hatten, und jene, die gerade besiegt worden waren. Da waren Trümmer, wo früher die Mauer die Altstadt von der Neustadt getrennt hatte. Trümmer, wo Dörfer zerstört worden waren, und Trümmer an der Klagemauer. Ich erwarte nicht, daß ich bei meiner Rückkehr alles geordnet und friedlich vorfinde. Es gibt hartnäckige Probleme, für die es nach menschlichem Ermessen keine Lösungsmöglichkeit zu geben scheint, und aus dem Briefwechsel mit Freunden weiß ich, daß nicht alles so ist, wie wir es in den Zeitungen lesen.

Doch Jerusalem ist eine besondere Stadt, eine oft belagerte und befreite Stadt, die in ihrem Herzen gewisse Schätze bewahrt, die ihre Kriege und Sünden bis jetzt nicht ausgetilgt haben.

Ich war überhaupt nicht auf den gewaltigen Eindruck vorbereitet, den Jerusalem auf mich machte. Ich war überwältigt. In dieser Stadt, innerhalb und außerhalb ihrer Mauern, spielten sich die Ereignisse ab, die den gesamten Lauf der Geschichte änderten. Die Kreuzigung, sagt Dorothy Sayers, war schließlich »das einzige, was jemals wirklich geschah«. Ich wußte das alles natürlich schon, bevor ich ging, aber ich war einfach nicht darauf vorbereitet, wie es auf mich wirkte, als ich schließlich tatsächlich auf jenem Boden stand.

Gläubige Touristen fühlen sich oft durch die Kommerzialisierung der heiligen Stätten abgestoßen. Wenn man die Grabeskirche betritt, stellt man fest, daß vier verschiedene Arten von Christen Anspruch darauf erheben, die sich so schlecht verstehen, daß die Schlüssel der Kirche, wie man sagt, einer Mohammedaner-Familie zur Aufbewahrung gegeben werden mußten. Da sind Führer, mit und ohne Berechtigung, die schreiend ihre Dienste anbieten. Da sind Priester in verschiedener Tracht, die an jeder heiligen Stätte mit Opferbüchsen dastehen; Kerzen werden zum Verkauf angeboten, und der ganze Ort erscheint düster, staubig und voll von religiösem Schmuck.

Ich hätte nicht erwartet, daß mir diese Szene gefallen würde, aber sie nahm mich völlig gefangen. Da war etwas an dem zerbröckelnden, verblaßten Stein mit den eingemeißelten Kreuzen der Kreuzfahrer, an dem Duft von Räucherwerk und dem trüben Licht der schwingenden Öllampen, das mich davon überzeugte, daß dies der richtige Ort war, daß sich hier die Aufmerksamkeit und Verehrung — so ungestüm sie manchmal war — von Jahrhunderten konzentrierte. Christen aller Schattierungen waren an diesem Ort zusammengekommen und hatten ihn mit allen nur möglichen Symbolen ihrer Hoffnung und Sehnsucht, aber auch den Zeichen ihrer Verderbtheit angefüllt. Aber gerade diese Verderbtheit legte noch mehr Gewicht auf die Bedeutung des Kreuzes und des leeren Grabes, denn »wo aber die Sünde mächtig geworden ist, da ist die Gnade viel mächtiger geworden« (Röm. 5,20).

Von der Altstadt aus über den Bach Kidron zum Garten Gethsemane zu gehen und zu wissen, daß Jesus die Gewohnheit hatte, die vielen Menschen und den Lärm der Stadt hinter sich zu lassen, jenen Bach zu überqueren und dahin zu gehen, wo die alten Ölbäume an einem Abhang wuchsen, war ein weiteres Erlebnis, das mich überwältigte. Die Gestalt der Stadt, aus dieser Sicht gesehen, hat sich, glaube ich, seit der Zeit Jesu nicht viel verändert. Die Form der Hügel ringsum, der Blick auf das Tal, die Schönheit der Ölbäume können genau das sein, was Jesus kannte. Das war der stille Ort, an den er ging, als er wußte, daß seine Stunde gekommen war. Vielleicht waren es einige dieser Bäume (denn manche von ihnen sind zweitausend Jahre alt), unter denen der Menschensohn mit seiner eigenen Todesangst und dem Willen des Vaters kämpfte.

Über der Tür zur Kirche der Nationen, wie die Kirche in dem Garten genannt wird, ist diese lateinische Inschrift zu lesen: »SUSTINETE HIC ET VIGILATE MECUM« — »Bleibet hier und wachet mit mir«. Ich selbst war während meines Aufenthalts in Jerusalem verschiedene Male zum Garten gegangen und hatte versucht, mir die schreckliche Szene zu vergegenwärtigen: Christus in einer Agonie von innerem Kampf und Leiden, während die drei, die besonders auserwählt worden waren, am Ende bei ihrem Meister zu sein, das eine nicht taten, worum er sie gebeten hatte — zu wachen —, sondern fest schliefen.

Als ich dort war, schien die Sonne auf die mattgelben Steine der Stadtmauer und auf die leuchtenden Blüten der Bougainvillea, die in der Nähe wuchsen. Busse schleppten sich den Hügel herauf, Taxen hupten, Touristen eilten vorbei und machten Bilder, und eine Gruppe von Kibbuzniks strömte, blaue und weiße Fähnchen schwenkend, aus einem Bus und ging am Garten vorbei, ohne auch nur einen flüchtigen Blick darauf zu werfen.

Letzten Endes sind es nicht unsere Erlebnisse, die uns verändern, sondern einzig und allein unsere Reaktionen auf diese Erlebnisse. An jeder der heiligen Stätten hätte ich mit Zynismus, Ablehnung oder gar Empörung reagieren können. Dann hätte ihre geheimnisvolle Macht keinen Eindruck auf mich gemacht. Statt dessen war es mir möglich, im Glauben einzutreten und mich an jedem Ort dem Einen hinzugeben, der vor mir da war und trotz allem, was weltlich gesinnte Menschheit aus jenen Orten gemacht hatte, immer noch da war, wenn ich ihn suchte.

Neben einem der Ölbäume im Garten Gethsemane hat eine Marienschwester aus Darmstadt eine kleine Tafel aufgestellt: »Mein Vater, ist's möglich, so gehe dieser Kelch an mir vorüber; doch nicht wie ich will, sondern wie du willst! Du, Herr Jesus, hast in der Dunkelheit der Nacht und des Leids diese Worte der Hingabe und des Vertrauens zu Gott dem Vater ausgesprochen. In Dankbarkeit und Liebe will ich in Stunden der Angst und der Verzweiflung dir nachsprechen: ›Mein Vater, ich kann nicht verstehen, was du vorhast, doch auf dich setze ich mein Vertrauen.‹«

Persönlichkeitstests

Aristoteles sagte, daß der Zweck der Erziehung oder Bildung der sei, den Schüler dahin zu bringen, daß ihm das gefällt oder mißfällt, was ihm gefallen oder mißfallen soll. Gebildet zu sein bedeutet, daß man Unterscheidungsvermögen besitzt. Doch heute werden wir in dem Glauben erzogen, daß Unterscheidungen etwas Beklagenswertes sind. Was einem gefällt oder mißfällt, hat überhaupt nichts mit dem Gegenstand zu tun. Es ist eine reine Geschmackssache.

Edwin Newman ist einer der wenigen bekannten Personen, die noch an dem seltsamen Gedanken festhalten, daß Unterscheidungen in der Sprache wichtig sind. Es spielt für ihn immer noch eine Rolle, ob »hopefully« »voll Hoffnung« oder »hoffentlich« und ob »momentarily« »für einen Augenblick« oder »in einem Augenblick« bedeutet.

Unterscheidungen in der Kleidung werden immer seltener, denn der sorgsam gepflegte »ungepflegte« Look wird von den meisten übernommen, ob sie nun wandern oder auf ein Fest gehen.

Unterscheidungen der Rasse, der Hautfarbe, des Geschlechts oder der Überzeugung werden so schnell wie möglich ausgelöscht, so daß wir vielleicht einmal ein Volk ohne Identität werden — farblos, geschlechtslos und glaubenslos. Vor ein paar Wochen besuchte ich eine Konferenz, die von einer Missionsgesellschaft veranstaltet wurde. Der Psychiater, der für jene Mission Kandidaten einer Auswahlprüfung unterzieht, führte mit dem Publikum, nur für ihr eigenes Interesse (wie er sagte), fünf der einfacheren Persönlichkeitstests durch, die er verwendet. Wie alle andern füllte ich brav die Fragebögen aus. Es war meine erste Begegnung mit so etwas. Niemand hätte zu meiner Zeit als Voraussetzung für Missionare daran gedacht, und die mit mir befreundeten Missionare, die auch bei der Konferenz waren, stimmten mit mir überein, daß es keiner von uns fünf geschafft hätte, nach Ecuador zu kommen, wenn das der Fall gewesen wäre.

Jede Frage beim »Temperament«-Test fing mit Worten an wie »glauben Sie«, »sind Sie leicht versucht«, »neigen Sie dazu«,

»fällt es Ihnen schwer«, »ziehen Sie es vor«, »hält man Sie für«, »mögen Sie«, »sitzen Sie bequem«, »treten Sie öffentlich auf« — alles Fragen, auf die es keine absolute Antwort gibt. Der Arzt versicherte uns, daß es keine »richtigen« oder »falschen« Antworten gäbe. »Es kommt nur darauf an, was für Sie richtig ist.«

Sehr beruhigend. Moralische Unterscheidungen kommen bei diesem Test nicht zum Tragen. Das machte uns der Psychiater klar. Der Unterschied zwischen richtig und falsch oder gut und böse hat wirklich überhaupt nichts mit dem Temperament einer Person zu tun. Das ist einfach »Geschmackssache«. Es ging hier nicht um das, was sein sollte, sondern um das, was ist. Nicht um das, was mir gefallen sollte, sondern um das, was mir aus irgendeinem Grund gefällt. Um zu erfahren, »wer ich bin«, muß man nur eine Liste von Charaktereigenschaften haben. Ich glaube schon, daß das stimmt, aber ist da noch Platz für die Beurteilung von Fehlern oder Tugenden?

Wie sich jedoch herausstellte, wurde ich durch meine Antworten sofort in eine Kategorie eingeteilt. Es wurden also doch Unterscheidungen vorgenommen, ob der Tester sie nun »moralische Unterscheidungen« oder »Werturteile« nannte oder nicht. Wenn ich das bewundere, was in weniger analytischen Zeiten Tugenden genannt wurde, und mich über das ärgere, was man früher Fehler nannte, werde ich als »R«* klassifiziert: kleinkariert, pünktlich, reserviert und streng.

Wenn mir Pünktlichkeit, Ordnung, Sparsamkeit und Selbstbeherrschung gefallen, bedeutet es, daß ich kleinkariert bin. Wenn mir Unpünktlichkeit, Schlampigkeit, Lasterhaftigkeit und Sichgehenlassen mißfallen, bedeutet es, daß ich negativ eingestellt bin. (Auf der »Skala der negativen Einstellung« stand ich gefährlich weit oben.) Sich über Pünktlichkeit, Ordnung, Sparsamkeit und Selbstbeherrschung zu ärgern, wird jedoch, wie ich feststellte, nicht als Zeichen einer negativen Einstellung betrachtet, sondern eher als Zeichen von Genialität, und wenn man sich bei Unpünktlichkeit, Schlampigkeit, Lasterhaftigkeit und Sichgehenlassen »wohl fühlt«, wird man als »Z«** klassifiziert, was, wie man uns sagte, bedeutet, daß man all die Eigenschaften hat, die einen zu ei-

---

* Im Englischen beginnen die folgenden Wörter alle mit »r«; Anm. d. Übers.
** Die hier im Englischen angeführten Wörter beginnen alle mit »z«; Anm. d. Übers.

nem beliebten Menschen machen! Daraus kann man schließen, daß sich Disziplin und Freude gegenseitig ausschließen. (Da ich nicht sicher war, ob ich alles richtig verstanden hatte, fragte ich, ob ein Mensch, der als »reines R« eingestuft wird, diese Eigenschaften nicht hat, die ihn beliebt machen. Die Antwort: »So ist es.«)

Zu dieser Art des »Testens« muß man eine Reihe von Fragen stellen. Welche Voraussetzungen liegen den Testfragen selbst zugrunde?

Erstens: Das Verhalten der Menschen wird von ihren Gefühlen gesteuert. Für den Christen zumindest trifft dies nicht unbedingt zu. Wenn meine Antwort auf die Frage: »Ärgern Sie sich, wenn jemand zu einer Verabredung zu spät kommt?« — »Ja« lautet, bedeutet das nicht immer, daß ich ihn anschreie, wenn er schließlich kommt. Paulus sagt: »Zürnet ihr, so sündiget nicht« (Eph. 4,26). Er sagt außerdem, daß wir nicht aus Hader und Neid heraus handeln sollen (Röm. 13,13). Jesus sagt: »Was ihr getan habt ...« (Matth. 25,40), und nicht: »Was ihr gegenüber einem dieser meiner geringsten Brüder gefühlt habt«. Wenn ich die Frage, ob es mir schwerfällt, mich zu beherrschen, mit »ja« beantworte, bedeutet das nicht, daß ich mich deshalb nicht beherrsche.

Zweitens sind Charaktereigenschaften — mit zwei bemerkenswerten Ausnahmen — angeblich moralisch neutral. Wir sind alle so geprägt oder veranlagt, wie wir sind, und deshalb sind wir in Ordnung. Man sagt uns, wir sollten das ausdrücken, was wir »wirklich fühlen«, und uns »gehenlassen«. Wir müßten keinen Handlungsablauf aus irgendeiner anderen Veranlassung heraus fördern als aufgrund unserer eigenen Gefühle (auch der allerintimsten).

Es gibt jedoch eine unbestreitbare Tugend, nach der zu streben man sich bemühen sollte (so schließe ich zumindest aus dem Test). Das ist die Toleranz. Und es gibt einen durch und durch verwerflichen Fehler, der ausgerottet werden muß. Das ist die Intoleranz. Wir werden aufgefordert, gegenüber fast allem tolerant und gegenüber fast nichts intolerant zu sein. (Wir dürfen nur gegen eine Sache intolerant sein: gegen die Intoleranz.)

Ist es aber so, daß ein bestimmtes Verhalten eine bestimmte Reaktion lediglich entgegennimmt, oder verdient es diese auch? Sind bestimmte Reaktionen gerechter oder angemessener als andere?

Gibt es Dinge, die tatsächlich in sich angenehm, bewundernswert, liebenswert oder tolerierbar sind, und andere, die peinlich, abscheulich, nicht liebenswert und nicht tolerierbar sind? Die Bibel nimmt hier klare Unterscheidungen vor. Mein Verhalten ist nicht nur eine Geschmackssache. Sie spricht von den »Werken des Fleisches«. Dazu gehören sexuelle Unsittlichkeit, Unreinigkeit der Gedanken, Ausschweifung, Haß, Eifersucht, Zorn, Rivalität und Neid (Gal. 5,19—21). Nirgendwo ermahnt uns die Bibel, so etwas zu tolerieren. (Alle zu lieben bedeutet bestimmt nicht, daß man nicht in der Lage ist, zwischen den Liebenswerten und den nicht Liebenswerten zu unterscheiden. Wie könnten wir sonst einen Feind als solchen erkennen, wenn wir einen sehen würden?)

Dieser Aufzählung steht die Frucht gegenüber, die im menschlichen Leben durch den Geist Gottes hervorgebracht wird: Liebe, Freude, Friede, Geduld, Freundlichkeit, Freigebigkeit, Treue, Sanftmut und Selbstbeherrschung. »Wider solche«, sagt die Bibel, »ist das Gesetz nicht« (Gal. 5,23). Vielleicht kein Gesetz — außer den Normen der Persönlichkeitstester. Ihnen gefallen die meisten Dinge in der zweiten Aufzählung, wenn sie sich auch nicht für zuviel Treue oder Selbstbeherrschung einsetzen würden. Eigenschaften wie diese zeigen eine Neigung zu Strenge und Härte und gehören, nach den Maßstäben der Tester, wohl kaum zur Toleranz. Wozu haben wir aber in einer Welt, in der eine Eigenschaft der Persönlichkeit genauso bewertet wird wie eine andere, Friede, Geduld, Freundlichkeit und Freigebigkeit nötig? Wenn ich Böses mit Gutem vergelten soll, muß ich zuerst das Böse erkennen.

Die gesamte Wirkung der Tests bestand darin, Verantwortung zu verringern. Ich stellte fest, daß ich ein »Typ« bin. Jeder ist ein Typ. So ist es eben. Nimm es an. Finde Gefallen daran. Liebe all die anderen Typen auch. Wir sind alle in Ordnung. Man braucht nichts zu verurteilen. Niemand muß sich schuldig fühlen. Mach keinen Unterschied zwischen Eigenschaften der Persönlichkeit; das ist nämlich ein »Werturteil«, und Werturteile sind immer schlecht.

Was soll's also, wenn du ein Unruhegeist bist, wenn deine Leistungen nie deinen Fähigkeiten entsprechen, wenn du dich nicht zu benehmen weißt, wenn du nicht mit Geld umgehen kannst? Laß dich dadurch nur nicht aus der Ruhe bringen. Letztlich ist alles gleich — eine unordentliche Wohnung oder eine saubere, erledigte Arbeit oder liegengebliebene Arbeit, eingehaltene oder verpaßte Verabredungen, bezahlte oder unbezahlte Rechnungen, bewahrte oder ruinierte Gesundheit, beruhigte oder aufgewühlte Gefühle — sei einfach du selbst. Hier bin ich, das gute, alte, liebenswerte Ich! Nehmt mich so, wie ich bin. Habt mich gern. Wenn euch meine Gewohnheiten ärgern, dann ist bei *euch* irgend etwas nicht in Ordnung, und nicht bei mir. Ihr seid diejenigen, die Hilfe brauchen. Ihr seid engstirnig.

Aber nein. Während ich nach Hause fuhr und über die ganze Sache nachdachte, sah ich, daß es so nicht gehen würde. Natürlich sollen wir unsere Mitmenschen lieben. Die Liebe erträgt alles, glaubt alles, erduldet alles. Doch wir sollen unsere Augen nicht davor verschließen, daß es Unterschiede gibt. Ich sah, daß ich, wenn ich nichts zu verurteilen brauche, auch nichts zu loben brauche. Es gibt nichts, wonach man zu streben, nichts, wofür man sich anzustrengen braucht, es gibt nichts zu gewinnen. »Kannst du gerecht sein«, schrieb Traherne, »solange du nicht in gerechter Weise den Dingen ihren angemessenen Wert beimißt?«

Es schien mir eine erschreckende Sache zu sein, daß die Diener Gottes nach Eignungstests beurteilt werden könnten, die den größten Wert darauf legen, daß man es mit sich und anderen nicht so genau nimmt. Kandidaten, mit denen man gut auskommt, bloß weil für sie eigentlich nichts von großer Bedeutung ist, hätten nach dieser Methode die besten Chancen. Aber als Jesus Jünger berief, forderte er sie auf, sich selbst zu verleugnen (Luk. 9,23), ihr »Recht auf sich selbst« aufzugeben.

Hätte wohl der Apostel Paulus diese Tests bestanden? Er war es, der sagte: »Habt Geduld in Schwierigkeiten«, »ordnet euch einander unter«, »achtet in Demut andere höher als euch selbst«, »seid stark«, »steht fest«, »führt ein Leben, das eurer hohen Berufung würdig ist« (Röm. 12,12; Eph. 5,21; Phil. 2,3; Eph. 6,10; 6,14; 4,1). Er hatte sogar den Mut zu sagen: »Nehmt mein Beispiel als Maßstab dafür, wer ein echter Christ ist!« (nach Phil. 3,17).

»Hier noch ein letzter Rat«, schrieb er den Philippern. »Wenn ihr viel von Redlichkeit haltet und Gottes Anerkennung wertschätzt, dann füllt eure Gedanken mit dem, was wahr und ehrbar und gerecht und rein und schön und lobenswert ist. Richtet euer Leben nach dem aus, was ihr von mir gelernt habt, was ich euch gesagt und gezeigt habe, und ihr werdet feststellen, daß der Friede Gottes mit euch ist« (nach Phil. 4,8—9).

Unsere Vollmacht muß durch Übung trainiert und vom Geist Gottes gelehrt werden, um die klaren und unmißverständlichen Unterscheidungen vorzunehmen, die für den Charakter des Christen so wesentlich sind.

Weiblichkeit

Mein verstorbener Mann, der Philosophie- und Theologieprofessor war, pflegte seinen Studenten zu sagen, daß die Bedeutung einer Sache in direktem Verhältnis zu der Schwierigkeit, sie zu erklären, steht. Letztes Jahr bat ich meine Studenten am theologischen Seminar, in einer Arbeit die Begriffe Männlichkeit und Weiblichkeit zu bestimmen. Sie durften höchstens zwei Seiten schreiben, aber ich sagte ihnen, es sei mir auch recht, wenn sie es in zwei Sätzen fertigbrächten. (Keiner hat das gemacht.) Die einmütige Aussage aller war, daß es die schwierigste Aufgabe des ganzen Kurses gewesen sei.

Die Schwierigkeit wird, meiner Überzeugung nach, durch die sogenannte Emanzipations-Bewegung verschärft, die von der Voraussetzung ausgeht, daß es keine anderen Unterschiede zwischen den Geschlechtern gibt als nur die rein biologischen. Das scheint eine merkwürdig naive und enge Sicht der grundlegenden Unterscheidung unserer menschlichen Existenz zu sein, vor allem in dieser Zeit, in der die meisten Ärzte anerkennen, daß es bei Krankheit um mehr als nur um den Körper geht; in der Psychiater anerkennen, daß Geisteskrankheiten körperliche Ursachen haben können; und in der jeder Seelsorger weiß, daß sich geistliche Probleme oft auf Gemüt und Körper auswirken. Warum sollten wir auf diesem so offensichtlichen Gebiet der geschlechtlichen Unterscheidung einfach (und widersinnig) behaupten, es gäbe keinen tieferen Sinn als den physiologischen?

Einmal besuchte ich am Erntedank-Wochenende die »Evangelical Women's Caucus«[*] in Washington, D.C. Ein paar Frauen, die einige meiner Schriften gelesen hatten, begrüßten mich mit einem erstaunten: »Was machen Sie denn hier?«

»Ich bin doch eine evangelische Frau, oder nicht?« sagte ich. Aber ich wußte natürlich, warum sie überrascht waren. Die Konferenz sollte sich mit der Frage des »biblischen« Feminismus befassen. Bei den Teilnehmerinnen ging man davon aus, daß es

---

[*] Deutsch: Evangelische Frauenversammlung; Anm. d. Übers.

sich um Feministinnen handelte, und ich gehöre nicht zu jener Gruppe.

Ich kann keine »Feministin« sein, weil ich zunächst einmal an die Weiblichkeit glaube — eine Kategorie, die ich als unendlich viel tiefer ansehe als die rein körperliche, eine Eigenschaft, die sich grundlegend von Männlichkeit unterscheidet.

Ich wartete vergebens auf das Wort »Weiblichkeit« in den Hauptreden, und ich suchte unter den angebotenen Arbeitsgruppen vergebens eine, die etwas mit dem Thema zu tun haben könnte. Was Frauen fühlen, was Frauen wollen, was Frauen tun und was sie tun wollen und nicht tun wollen, wurde mit Begeisterung und sogar mit Leidenschaft diskutiert, doch was Frauen sind, blieb von allen unbeachtet. Die Leiterin einer Arbeitsgruppe, Letha Scanzoni, Mitautorin eines evangelischen feministischen Buches, »All We're Meant to Be«*, zog Epheser 5 heran, um ihre Ansicht von der Ehe auf dem Gleichheitsprinzip zu belegen, und behauptete, Paulus lege hier den Schwerpunkt auf gegenseitige Unterordnung. Damit raubte sie der Analogie (»... gleichwie auch Christus ist das Haupt der Gemeinde ...«) ihren Sinn.

Einer der Punkte des feministischen Programms ist der, daß geschlechtliche Unterschiede, die über die biologischen hinausgehen, allesamt kulturbedingt sind. Unsere Vorstellungen von Weiblichkeit sind anerzogen. Wenn wir anfingen, kleinen Mädchen Lastwagen zu geben und kleinen Jungen Teegeschirr, wären die Dinge schnell umgekehrt, sagte man uns. Der einzige Grund, warum nie eine Frau Schachweltmeisterin geworden sei, bestehe darin, daß Frauen von der Gesellschaft nicht zu großen Schachspielerinnen gemacht würden. Das klingt glaubwürdig — bis man an Rußland denkt, das Land, das die meisten Weltmeister hervorgebracht hat, und ein Land, in dem genauso viele Frauen wie Männer Schach spielen. (Aber wir würden es nie wagen, zu sagen, daß der weibliche Intellekt in irgendeiner Weise anders sei als der männliche — um nicht zu sagen: ihm unterlegen.)

Frauen werden nicht ermutigt, nach Positionen zu streben, in denen viel Eigeninitiative erforderlich ist, sagt man, und deshalb gilt Eigeninitiative als männliche Eigenschaft. Die Gesellschaft kann das alles ändern. Man muß nur anfangen, Rollen zu vertau-

---

* Deutsch: Alles, was wir sein sollen; Anm. d. Übers.

schen: die Mädchen auffordern, in den Fabriken Vorarbeiterinnen zu werden, und die Jungen, in Krankenhäusern und Kindergärten zu arbeiten. Man lasse die Männer den Haushalt führen und die Frauen gleichberechtigt an der finanziellen Verantwortung teilhaben. Man lasse Frauen den Unterhalt zahlen, führe die Wehrpflicht für sie ein, lasse die Männer stricken und öffentlich weinen, wenn sie wollen, und wir werden sehen, was geschieht.

Doch all dies gehört eigentlich gar nicht zur Sache. Die Idee vom Männlichen und Weiblichen war Gottes Idee. Keiner von uns wäre darauf gekommen, und Gott hat sie nie für irgend jemand definiert. Er hat uns gesagt, was er getan hat — er schuf die Menschen zu seinem Bilde, männlich und weiblich —, und er hat uns gezeigt, wie er es getan hat. Er machte den Mann aus Erde vom Acker und blies ihm den Lebensodem ein; dann machte er, weil er in seiner Schöpfung zum erstenmal etwas sah, das »nicht gut« war, für den Mann eine Frau. Er machte sie *für* den Mann. Für mich ist das der erste wesentliche Bestandteil der Weiblichkeit. Dann machte er sie *aus* dem Mann — von ihm abstammend, Fleisch von seinem Fleisch, Bein von seinem Bein, gleich und doch erstaunlich ungleich. Das ist der zweite wesentliche Bestandteil. Schließlich brachte er sie *zum* Mann — ganz genau dafür entworfen, seinen Bedürfnissen zu entsprechen, so zubereitet, um jenes Bedürfnis nach einer Gehilfin zu stillen — gegeben in göttlicher Weisheit und Liebe. Das ist der dritte wesentliche Bestandteil.

Doch was ist dieser Mann, was ist diese Frau? Was sind diese schwer faßbaren und undefinierbaren, aber allgemein anerkannten Eigenschaften, nach denen jede Kultur und Gesellschaft ihre Existenz gestaltet? Die Frage, bei der sich die Feministinnen mit Bestimmtheit weigern, sich überhaupt mit ihr auseinanderzusetzen, ist eine, die der Frage nach der sozialen Prägung weit vorausgeht. Es ist folgende Frage: Warum hat jede Gesellschaft vom Anbeginn der Zeiten an ihre männlichen und weiblichen Glieder so spezifisch geprägt? Zugegeben, die Vorstellungen von Männlichkeit und Weiblichkeit sind je nach Zeit und Ort verschieden zum Ausdruck gebracht worden, doch wurden die Unterschiede ohne Ausnahme bis ins späte zwanzigste Jahrhundert bewahrt.

Michael Marshall sagt in seinem tiefgründigen Büchlein »Gospel — Healing and Salvation«*: »Der moderne Mensch berät sich stundenlang mit andern über seine Identität. Der Christ erkennt, daß seine wahre Identität ein Geheimnis ist, das nur Gott kennt, und daß in diesem Stadium seines Weges der Jüngerschaft jeder Versuch, sich selbst zu definieren, gotteslästerlich sein und sich zerstörend auf jenes geheimnisvolle Werk Gottes auswirken muß, der in ihm Christus Gestalt gewinnen läßt durch die Kraft des Heiligen Geistes. Auf jeden Fall bestimmt der Christ seine Identität nicht nach seinem Handeln; darauf läuft beim Antichrist letztlich alles hinaus, denn damit sagt man praktisch, daß man sein eigener Schöpfer ist.«

Bedauerlicherweise fordern uns die Feministinnen auf, uns selbst nicht als Männer oder Frauen, sondern als menschliche Wesen zu verstehen (was auch immer das heißen mag), deren Identität nur von ihrer Funktion in der Gesellschaft abhängt. Wir müssen uns, erklärte Virginia Mollenkott auf der Versammlung in Washington, von »allen geschlechtsbezogenen Kategorien« befreien.

Durch die Jahrhunderte hindurch hat die Kirche die Seele als »weiblich vor Gott« betrachtet — das heißt als die Empfangende, die Antwortende, die für den andern geschaffen wurde, die Passive, die sich selbst Gebende. Der weibliche Körperbau, zum Tragen, Gebären und Nähren bestimmt, ist bestimmt nur der sichtbare Beweis für das Geheimnis der Weiblichkeit, ein physisches Zeichen der metaphysischen Wirklichkeiten, und wir bringen uns selbst nur in Gefahr, wenn wir daran etwas ändern wollen. Weiblichkeit ist unbestreitbar mit dem Begriff der Mutterschaft verbunden. Dies ist keine gesellschaftliche Prägung. Es ist kein bedauerliches Vorurteil, von dem wir versuchen sollten, uns zu lösen. Und es ist mit Sicherheit nicht, wie manche Feministinnen schreien, »barbarisch«. Die körperlichen Zeichen, die alles andere als unwesentliche Äußerlichkeiten sind, die wir besser ignorieren oder überwinden sollten, weisen auf die unsichtbare Wirklichkeit des Frauseins hin, dessen Beispiel für alle Frauen für immer in dem einfachen Mädchen, der Jungfrau Maria, verkörpert ist, völlig weiblich, völlig bereit, sich dem sie überschattenden Heiligen Geist im Willen Gottes hinzugeben, bereit, »das Heilige« (Luk.

---

* Deutsch: Evangelium, Heilung und Erlösung; Anm. d. Übers.

1,35), den Herrn Jesus Christus, zu empfangen, zu gebären und zu nähren, bereit, in den Tod zu gehen, um ihm das Leben zu schenken, bereit, selbst ihre Seele von einem Schwert durchdringen zu lassen.

Das ist für immer ein Beispiel für alle Frauen — nicht nur für jene, die tatsächlich Mütter von Kindern sind, sondern für alle, die ernsthaft über die Schöpfungsgeschichte nachdenken und ihren Platz, wie er dort beschrieben, an- und einnahmen, nicht als konkurrierenden, auch nicht (Gott behüte!) als einen »gleichen«, sondern als einen anderen, geheimnisvollen, letztlich nur von Gott, dem Schöpfer, bestimmten Platz mit seinem eigenen, von Gott entworfenen Königreich, seiner eigenen Macht, seiner eigenen Herrlichkeit. Und alles in vollkommener Ergänzung zu jenem anderen Geheimnis, das jede wahre Frau erkennt, wenn sie es sieht — erkennt, aber nicht erklären kann —: Männlichkeit.

Testament einer Mutter

Während ich vor fünfzehn Jahren an meinem Schreibtisch saß und einen Brief schrieb, unterbrach mich meine kleine Tochter, um mir zu sagen, ihr seien zwei Sucren (ecuadorianische Münzen) in das Regenfaß gefallen. Ob sie ihren Badeanzug anziehen und sie herausholen dürfe? Ich sagte, sie dürfte.

Heute ist sie einundzwanzig. Sie ist tausend Meilen von zu Hause entfernt, und als ich sie um 6.45 Uhr anrief, um ihr zum Geburtstag zu gratulieren, kaute sie gerade eine Dörrpflaume und eine Mandel — der Auftakt zu einem Frühstück, bestehend aus heißem Weizenschrot, gebrautem Hefegetränk, Toast und Grapefruit. (Was Essen anbelangt, ist sie noch verrückter als ihre Mutter.) Sie plauderte glücklich von dem blauen Kostüm, das ich ihr geschickt hatte, von den Arbeiten, die sie vor ihrem Abschluß in drei Wochen noch schreiben muß, und von ihrer Hochzeit, die in neun Wochen ist.

Es sei einer Mutter verziehen, wenn sie etwas verweilt, um über diese einundzwanzig rasch verflogenen Jahre nachzudenken. Als sie geboren wurde, war sie wie ein Wunder und ein Gegenstand tiefer Besorgnis für die Indianer des Urwalds, in dem wir lebten, denn sie wurde nicht nur in ein anderes Bett gelegt als das ihrer Eltern, sondern sogar in ein anderes Zimmer. Dämonen, so warnten uns die Indianer besorgt, würden sie bestimmt »lecken«, wenn sie nicht geschützt zwischen Vater und Mutter lag. Als wir ihnen versicherten, daß kein Dämon sie belästigen würde, schüttelten sie verwirrt den Kopf: noch ein unerklärlicher Unterschied zwischen ihnen und diesen Fremden. Dämonen mögen also keine Ausländerkinder. Aber was war mit Blutsaugern? Wir wußten, daß das eine echte Gefahr gewesen wäre, wenn wir nicht in einem Haus gewohnt hätten, dessen Fenster mit Fliegendraht versehen waren.

Valerie wurde in einem »aparinga« herumgetragen, einem indianischen Tragetuch, und zwar nicht nur von ihrer Mutter, sondern auch von indianischen Frauen und Mädchen, die fragten, ob sie sie für eine Weile »borgen« könnten. Sie lernte zwei Sprachen gleichzeitig und schaffte es, sie in ihren Gedanken auseinanderzuhalten. Sie spielte, schwamm, wanderte und aß Fischköpfe mit den indianischen Kindern. Die »Schlummerpartys«, zu denen sie ging, fanden in indianischen Häusern statt, wo sie ihre Decke nahm und sich auf dem Bambusboden neben ihren Freunden zusammenrollte. Am nächsten Morgen kam sie dann nach Hause und verkündete, es habe zum Frühstück Suppe gegeben. »Was denn für eine Suppe?« fragte ich einmal. »Oh, Rattensuppe, glaube ich«, sagte sie, und sie hatte recht.

Weil sie immer barfuß ging, mußte sie sich jeden Abend, bevor sie ins Bett ging, die Füße waschen. Das war eine Pflicht, vor der sie sich manchmal gern gedrückt hätte. Eines Abends, als sie am Fluß das Geschirr vom Abendessen spülte, schaute sie auf, um einen wunderschönen Sonnenuntergang zu beobachten. »Es sieht so aus, als ob Jesus da durchkommen würde«, sagte sie zu mir, »und dann müßte ich mir nicht mehr die Füße waschen. Jesus würde sie für mich waschen — er ist nett.«

Manchmal diktierte mir Val, was sie zusammen mit den Indianern alles machte. Diese Berichte hielt ich in einem kleinen Notizbuch fest. Ein Ausschnitt aus dem Notizbuch lautet:

»Wir kamen an einen kleinen Teich, einen kleinen See. Uba fing einen Fisch mit den Händen. Sie zerteilte ihn mit einem Messer. Und dann gingen wir ›pitumu‹ (Palmfrüchte) holen. Vorher tranken wir ›chicha‹ (Manioksaft), wo der kleine See war. Ipa drückte sie für mich in ein kleines Blatt, weil wir keine Tassen hatten. Zu Hause haben wir Tassen. Ich hatte Durst. Kumi, Kinta und ich tranken davon. Die anderen haben nichts gekriegt, weil nichts mehr übrig war. Dann holten wir die ›pitumu‹ und machten einen Korb aus ein paar Blättern. Danach kamen wir heim. Ich sah Wildschwein- und Tapierspuren, und das ist alles.«

Später: »Ich nahm etwas Gift mit zum Fluß hinunter und guckte zu, wie Ana es befestigte. Dann bekam ich etwas und tat es in ein kleines Loch im Boden und stampfte und stampfte und stampfte es, und als die Blätter weich wurden, tat ich sie in den Korb und dann ins Wasser. Bald hatte ich einen kleinen Fisch, einen kleinen Fisch und einen kleinen Fisch«, (so sagen die Indianer für »drei Fische«). »Sie hießen ›kuniwae‹, ›niwimu‹ und ›arakawae‹. Ich brachte sie zu Gimaris Feuer und tat sie auf einen kleinen Stecken, der brannte. So wurden sie geröstet, und dann aß ich sie alle auf. Und das ist alles.«

Eines Abend hörte ich zu, wie Valerie ihrem Kätzchen »Amazing Grace« vorsang:

»Wie süß der Klang der wundervollen Gnade,
die einen Elenden wie dich* erlöste.«

Unter den Fragen, die an einem einzigen Tag gestellt wurden, waren: »Warum können wir unter Wasser nicht atmen? Werden wir durch den Regenbogen gehen, wenn wir nach Gottes Haus gehen? Eulen haben so etwas wie Papiergesichter, nicht wahr? Kann Gott machen, daß kein Tee mehr aus der Kanne kommt? Warum haben Hunde Knie hinten an ihren Beinen?«

Sie hatte ein glückliches Leben bei den Indianern, aber sie träumte dennoch von einem Bruder oder einer Schwester. Als sie einmal vor dem Spiegel stand, sagte sie: »Manchmal denke ich, das ist meine Schwester, meine Zwillingsschwester, und ich rede mit ihr, und sie antwortet und lächelt.«

Vielleicht half ihr diese Einsamkeit auch die Einsamkeit anderer zu verstehen. Sie sorgte sehr gern für andere. Es jemandem bequem machen bedeutet im Urwald unter anderem, ein Feuer zu machen, und sie verbrachte viel Zeit damit. Ich traf sie einmal an, wie sie unter unserem Haus (das auf Stelzen stand) zwei kleine Lagerfeuer in Gang hielt. »Eins für mich«, erklärte sie, »und eins für meinen kleinen Vogel, damit er nicht friert.« Sie hatte den Korb des jungen Spechts dicht daneben gestellt. Ein andermal packte sie ihren kleinen Freund Taemaenta (beide waren ungefähr fünf Jahre alt) in ihre Hängematte, deckte ihn mit einer Puppendecke zu und fachte das Feuer an. Als sie neben ihn kletterte, fragte ich sie, was sie vorhabe. »Einfach lieb zu Taemaenta sein, weil seine Mutter fort ist«, sagte sie. Sie trug ihre eigenen Puppen in einer »aparinga« herum, wobei sie ihre Köpfe mit einem Lappen bedeckte, wenn der Pfad durch die Sonne führte, und sie mit ihrer Hand schützte, wenn sie sich bücken mußte, um unter einem umgefallenen Baum oder durch ein Stück dichtes Unterholz durchzukommen.

Ihre Schulbildung bestand in den ersten drei Jahren aus einem Korrespondenzkurs der Calvert School und begann unter schwierigen Bedingungen, da wir keinen Platz hatten, um Bücher und

---

* In dem englischen Lied heißt es natürlich »wie mich«; Anm. d. Übers.

anderes unterzubringen, denn wir wohnten damals in einem Haus ohne Wände. Es war für sie nicht leicht, sich zu konzentrieren, wenn Indianer ihr über die Schulter schauten, die Bilder betrachteten, die Bücher anfaßten, Stifte ausprobierten oder mit der Schere Sachen zerschnitten.

Zu den Aufgaben der dritten Klasse gehörte eine Lektion über Mythologie. Als ich ihr die Geschichte von Pandoras Büchse erzählte, versuchte ich, ihr die Bedeutung von Hoffnung zu erklären. Nachdem ich ihr verschiedene andere Beispiele genannt hatte, fragte ich: »Was war meine Hoffnung, als dein Papa starb?« — »Ich«, war die spontane Antwort.

Das war sie tatsächlich. In den trübsten Zeiten war sie da als ein Geschenk der Freude. Voll Liebe erhob sie ihr Gesicht und lächelte, ohne zu wissen, wie gut sie mir damit tat.

Sie dachte viel über Gott und den Himmel nach (der für sie nicht nur das Haus Gottes, sondern auch das ihres Papas war). Manchmal schrieb ich nach dem Gutenachtkuß ihre Gebete auf. Das tat ich nicht, weil ich befürchtete, sie gingen sonst verloren (der große Engel mit dem goldenen Räuchergefäß [Offb. 8,3] wird schon dafür sorgen, daß sie nicht verlorengehen), sondern weil ich wußte, daß sie für mich verloren wären. Ich würde sie vergessen. Und auch deshalb, weil ich damals niemanden hatte, dem ich sie erzählen konnte.

»Lieber Herr, danke für den Satz: ›Es gibt einen Hügel weit entfernt, wo der liebe, liebe Herr Jesus gekreuzigt ward.‹ Jesus, du weißt, daß wir deine Worte nicht verstehen. Genauso wie jene Leute vor langer Zeit, als du zu ihnen sagtest, du würdest wieder lebendig werden. Sie haben es nicht verstanden. Wir sind genauso wie jene Leute. Deshalb hilf uns zu verstehen. Hilf uns, nicht zu lügen und ungehorsam zu sein und zu stehlen. Laß uns lieb sein. In Jesu Namen. Amen.« Sie war damals acht Jahre alt.

Durch unser Leben bei den Indianern hatte sie Geburt, Leiden und Tod gesehen, hatte sich einen »Nerv der Erkenntnis« erworben, der sie empfindsam machte. Als ich sie fragte, ob sie jemals über den Tod nachgedacht habe, sagte sie: »Ja, manchmal wenn ich mir die Füße wasche. Weißt du, wie das Becken trocken ist und das Wasser an den Seiten hochkriecht, wenn ich es fülle? Da sind lauter kleine Punkte rings um den Wasserrand herum, und ich denke, diese Punkte sind die Anzahl der Tage, bevor ich sterbe und zu meinem Papa gehe. Aber ich zähle sie nicht. Ich plansche dann ganz schnell im Wasser herum.«

Bei diesen Andeutungen der Sterblichkeit war sie gleichzeitig voller Freude. Sie erzählte mir mehrmals von Träumen, in denen sie sich schwebend und singend wiederfand. Wenn sie nachts aufwachte, sang sie oft. Ein Freund beschrieb ihren Lebenswandel als »nicht auf, sondern leicht über dem Boden«.

Als sie zwölf war, ging ich eines Abends in ihr Zimmer, um ihr dafür zu danken, daß sie alles Geschirr gespült hatte, als ich Besuch hatte. »Mami«, rief sie, als ich gehen wollte. »Ich will dir für mein ganzes Leben danken! Für alles, was du mir gegeben hast, und für alles, was du für mich getan hast, und für all das Essen, das du für mich gekocht hast!«

Wenn ich mir diese Frau ansehe, die das Kind von vor neun Jahren war, und mir aufgeht, daß ich für das gedankt bekomme, was ich gekocht, getan und gegeben habe — gedankt für Dinge, die von ganzem Herzen tun zu wollen ich um nichts in der Welt hätte unterlassen wollen —, verstehe ich die Worte Jesu in einem neuen Licht: »Geben ist seliger als Nehmen« (Apg. 20,35). »Seliger?« Jesus muß damit gemeint haben, daß es eine glücklichere Sache ist, das Geben im Sinn zu haben als das Nehmen. Aber merkwürdigerweise folgt das Nehmen von selbst, wenn man das Geben an die erste Stelle setzt. Mir erscheint es, als habe ich von diesem Kind ohne Unterbrechung empfangen. Ich weiß, daß dies nicht sofort für alle zutrifft. Doch wenn wir aus Liebe geben, kann letzten Endes nichts im Himmel und auf Erden das Nehmen verhindern, und zwar das Nehmen weit über das hinaus, was wir jemals geben könnten.

Noch neun Wochen. Sollen wir eine Multi-Medien-Show an die Wände der Kirche projizieren, wenn sie hereinkommt? Wie sie auf den Grund der Regentonne schwimmt, Rattensuppe ißt, ›chicha‹ aus einem Blatt trinkt, sich mit Taemaenta in ihre Hängematte kuschelt, schwebt und singt? Das ließe sich wohl schlecht machen. Aber ich werde mich an alles erinnern und dafür danken.

Wie auch wir vergeben ...

Ein junger Pastor, der eine Bibelstunde leitete, zitierte kürzlich eine Stelle aus den Psalmen über Sünde.

»Mir ist gleich, was Sie sagen!« platzte eine Frau mittleren Alters heraus. »Ich werde meiner Schwiegermutter nicht vergeben! Was sie mir angetan hat, kann ich ihr nie vergeben.«

Der Pastor hatte weder das Wort »Vergebung« noch irgendeine bestimmte Sünde erwähnt, aber das Wort Gottes, das schärfer ist als ein zweischneidiges Schwert, hatte das Herz der Frau getroffen. Mit ihrem Ausbruch verriet sie den Groll, der unter der Oberfläche schwelte.

Eine junge Frau, ich nenne sie hier Sandra, rief mich vor einigen Monaten an, um mir zu sagen, sie sei gerade gebeten worden, bei dem Kind ihrer Freundin Vicky Patin zu werden. Es sei unmöglich, sagte Sandra, an so etwas auch nur zu denken, da Vicky, früher eine gute Freundin, sie tief verletzt habe. Die beiden Paare hatten miteinander Ferien gemacht, und ihre Freundschaft war über einer Reihe von geringfügigen, aber unverzeihlichen Kränkungen auseinandergegangen. Seither hatten sie sich kaum gesehen, und nun erwartete Vicky von Sandra, daß sie die Patin ihres Kindes würde. Was sollte Sandra tun?

»Ihr vergeben«, sagte ich.

»Ihr vergeben! Aber es tut ihr noch nicht einmal leid! Ich glaube, sie erinnert sich gar nicht daran, wie sehr sie mich verletzt hat!«

Trotzdem, sagte ich ihr, wenn es ihre Christenpflicht sei, um die sie mich bat, bestünde kein Zweifel, was diese wäre.

»Du meinst also, ich sei diejenige, die den ersten Schritt tun müsse?«

»Erwartest du, daß Gott dir deine Sünden vergibt?«

»Ja, natürlich.«

»Dann mußt du Vicky vergeben.«

»Gibt es eine Stelle in der Bibel, die das tatsächlich sagt?«

»Erinnerst du dich ans Vaterunser? ›Vergib uns unsere Schuld, wie auch wir vergeben unsern Schuldigern.‹ Dem folgt eine ziemlich klare Aussage: ›Wenn ihr aber den Menschen nicht vergebet, so wird euch euer Vater eure Übertretungen auch nicht vergeben‹« (Matth. 6,12.15).

Ich konnte fast hören, wie Sandra am Telefon tief Luft holte. Es entstand eine kurze Pause.

»Daran habe ich nie gedacht. Dabei habe ich dieses Gebet gerade heute morgen gesprochen. Ich kann also keine Vergebung erwarten, es sei denn, ich vergebe?«

Sie konnte sich nicht vorstellen, wie sie das fertigbringen sollte. Ich bestätigte ihr mit Nachdruck, daß sie es auch nicht fertigbringen könnte — nicht ohne Gottes Gnade. Alles im Menschen sträubt sich gegen diesen Gedanken. Doch das Evangelium ist eine Botschaft der Versöhnung. Versöhnung nicht nur mit Gott, sondern auch mit seinem Vorhaben in der Welt und mit all unseren Mitmenschen. Wir sprachen noch eine Weile über die absolute Notwendigkeit der Vergebung. Sie ist ein Befehl. Sie ist der Weg zur Wiederherstellung zerbrochener Freundschaften. Sie befreit uns von uns selbst. Ich versprach Sandra, dafür zu beten, daß Gottes Gnade in ihr und in Vicky wirken möge und daß sie befähigt würde, freiwillig und vollständig zu vergeben.

»Aber was ist, wenn es ihr nicht leid tut?«

»Wir beten nicht: ›Vergib uns unsere Schuld, wie wir denen vergeben, die uns darum bitten.‹ Wir sagen: ›Wie auch wir vergeben unsern Schuldigern.‹ Es geht nicht darum, zu übersehen, was getan wurde. Wenn Gott vergibt, dann übersieht er unsere Sünden nicht bloß. Er fordert uns auch nicht auf, die Schuld anderer zu übersehen — er fordert uns auf, ihnen zu vergeben. Folglich ist es unsere christliche Pflicht, jedem zu vergeben, der sich an unseren Rechten, unserem Territorium, unserer Bequemlichkeit oder der Vorstellung von uns selbst vergreift, ob er es zugibt oder nicht.«

Eine Woche später erfuhr ich, daß Sandras und meine Gebete weit über das hinaus erhört worden waren, was unser Glaube jemals erwartet hatte. Sandra hat nicht nur vergeben, sondern Vicky hat sich sogar entschuldigt, und die beiden haben sich wieder versöhnt.

Vergeben bedeutet Sterben. Es bedeutet, daß man das Recht auf sich selbst aufgibt. Aber genau das fordert Jesus von jedem, der sein Jünger sein will.

»Wenn mir jemand nachfolgen will, muß er alle Rechte auf sich selbst aufgeben, täglich sein Kreuz auf sich nehmen und dicht hinter mir bleiben. Denn der Mensch, der sein Leben erhalten will, wird es verlieren, doch der Mensch, der sein Leben um meinetwillen verliert, wird es erhalten« (Luk. 9,23—24, freie Übersetzung).

Christus nachfolgen bedeutet, den Weg zu gehen, den er ging. Um uns vergeben zu können, mußte er sterben. Der, der ihm nachfolgt, darf sich nicht weigern, seine eigenen Rechte, sein eigenes Territorium, seine eigene Behaglichkeit oder irgend etwas anderes, das er als sein eigen betrachtet, aufzugeben. Vergeben ist Aufgeben. Es ist ein Niederlegen. Niemand kann es uns nehmen, genauso wie niemand Jesus sein Leben hätte nehmen können, wenn er es nicht aus freien Stücken niedergelegt hätte. Aber wir können das tun, was er tat. Wir können es opfern und jeglichen dadurch entstehenden Verlust abschreiben, und zwar in der Gewißheit, daß der Mensch, der sein Leben, seinen Ruf oder sein »Gesicht« um Christi willen verliert, es erhalten wird.

Die Frau, die ihre Schwiegermutter haßt, suhlt sich darin, daß man ihr Unrecht getan hat. Ihr Groll ist siebenundzwanzig Jahre lang wie ein Krebsgeschwür gewachsen und »im Verhältnis dazu genauso verbissen wie nutzlos«, wie John Oman schrieb. Ihre Bitterkeit, sagte mir der Pastor, hat sowohl ihr eigenes Leben als auch das der Gemeinde vergiftet, zu der sie gehört.

Die Bibel berichtet uns von einem Mann, der, nachdem ihm vom König eine Schuld von zehntausend Talenten erlassen worden war, sofort zu einem andern ging, der ihm hundert Silbergroschen schuldete, diesen beim Kragen packte, würgte und die Zahlung forderte (Matth. 18,23—28). Wir reagieren auf solche Geschichten, indem wir sagen: »Niemand tut so etwas!« Dann, selbst von der Wahrheit der Geschichte gewissermaßen ergriffen, erkennen wir: »Niemand anders als wir!«

Als Jesus — an ein römisches Kreuz genagelt — betete: »Vater, vergib ihnen«, setzte er eine Waffe ein, gegen die selbst der Kaiser keine Macht hatte. Der hilflose, sterbende Gottessohn, ein Bild der Niederlage, verkündete den Sieg der unerbittlichen Liebe. Wer kann sich der Macht der Vergebung widersetzen?

Es kamen mehrmals Leute zu mir, um mir eine Bitterkeit zu bekennen, die sie mir gegenüber verspürten, von der ich jedoch nichts gewußt hatte. Sie wußten, daß ich nichts davon wußte. Nahmen sie damit die Gelegenheit wahr, um einem Groll Luft zu machen, der eigentlich eine Sache zwischen ihnen und Gott hätte sein sollen? War das eine fromme Methode, sündige Gefühle zum Ausdruck zu bringen, um deren Reinigung sie Gott hätten bitten sollen? Die Bibel sagt uns nicht, daß wir zu demjenigen hingehen sollen, gegen den wir Groll verspüren. Sie sagt uns, daß wir zu dem gehen sollen, der gegen uns Groll empfindet: »Darum: Wenn du deine Gabe auf dem Altar opferst und wirst allda eingedenk, daß dein Bruder etwas wider dich habe, so laß allda vor dem Altar deine Gabe und gehe zuvor hin und versöhne dich mit deinem Bruder und alsdann komm und opfere deine Gabe« (Matth. 5,23—24).

Uns gilt das Gebot, jedem zu vergeben, der Unrecht tut. Uns wird nicht gesagt, daß wir ihn auf das Unrecht aufmerksam machen sollen. Uns wird gesagt, jeden um Vergebung zu bitten, dem wir Unrecht getan haben. Das kann ein weiter Weg für uns sein, geographisch oder gefühlsmäßig und geistlich. Doch wenn wir wirklich Jünger des Gekreuzigten sein wollen, müssen wir diesen Weg auf uns nehmen und den Drachen des Eigennutzes töten. Wir schließen uns damit Gott an und handeln nicht mehr unabhängig von ihm oder für unsere eigenen »Rechte«.

Diejenigen, die das Kreuz tragen, müssen auch die Lasten anderer tragen. Dazu gehört die Last der Verantwortung für Sünde sowie das Teilen von Leid. Welchen Raum kann es in einem echten Lastenträger überhaupt für Empfindlichkeit oder ein nur auf sich selbst achtendes, anspruchsvolles Wesen geben? Vergebung ist ein klarsehendes und besonnenes Annehmen der Last der Verantwortung.

Das Leben des heiligen Franz von Assisi ist ein Beispiel für sein eigenes tiefgreifendes Verständnis dessen, daß »uns im Vergeben vergeben wird«.

Wenn auch wir vorhaben, das Kreuz auf uns zu nehmen, müssen wir uns auch zu derselben Lebensweise verpflichten. Dann können wir mit wahrhaftigem Herzen singen:

Der Schatten deines Kreuzes sei mir ein Ruheort;
von deinem Angesicht nur kommt Licht mir immerfort.
Vorbei die Welt laß ruhig ich ziehn, streb' nach Gewinn nicht mehr.
Mein sünd'ges Ich, mein' einz'ge Scham; das Kreuz ist meine Ehr.

Der Unterschied zwischen mir und Sperlingen

Für diesen Monat bewohne ich ein sehr ruhiges Zimmer unter dem Dach eines sehr ruhigen alten Hauses an einem ruhigen Hügel in New Hampshire. Kein Laut stört meine Gedanken außer dem der weißkehligen Sperlinge, der Kohlmeisen, der Grillen und einiger Pferde, die leise ums Haus herum das lange Gras abrupfen und gelegentlich kaum hörbar schnauben. Meine Mutter ist die einzige andere Bewohnerin, und sie ist ruhiger als die Sperlinge und die übrigen Tiere. Sie macht mir das Frühstück, und anschließend, wenn ich anfange, das Geschirr in die Küche zu tragen, sagt sie: »Geh nur. Ich mach das schon. Deine Schreibarbeit wartet.«

Nur einen Haken hat eine solche Situation wie diese. Wenn das, was man schreibt, Unsinn ist, hat man nicht die geringste Entschuldigung. Man kann niemandem sagen, das komme daher, daß man sich nicht konzentrieren konnte. Es lag auch nicht daran, daß man so viele andere Aufgaben und unvermeidliche Unterbrechungen hatte. Es war auch nicht die Hektik der heutigen Zeit. Es lag daran, daß — nun, zugegeben, es lag daran, daß in einem so viel Unsinn ist. Gott helfe uns!

Die Bibel sagt: »Der Gerechte wird aus Glauben leben« (Röm. 1,17). Der Gerechte ist keine besondere Gruppe besonders begabter oder inspirierter Heiliger. Es sind Leute, deren Herzen Gott zugewandt sind. Leute, die wissen, daß ihre eigene Gerechtigkeit nicht ausreicht, und die daher Gottes Gerechtigkeit angenommen haben. Ich gehöre zu dieser Gruppe. Deshalb gilt für mich dieselbe Regel wie für alle anderen: aus Glauben leben. Aus diesem Grund habe ich mir hier oben in diesem ruhigen Zimmer Gedanken darüber gemacht, was es für einen Schriftsteller oder eine Schriftstellerin bedeutet, aus Glauben zu leben. Es war recht einfach anzuführen, was es nicht bedeutet. Es bedeutet nicht, daß mein Verstand sich nicht anstrengen muß. Es bedeutet nicht, daß ich darauf vertraue, daß Gott meine Arbeit für mich tut, und zwar genausowenig, wie für eine Hausfrau das Leben aus Glauben bedeutet, daß sie erwartet, daß Gott ihr das Geschirr spült oder die

Betten macht. Es bedeutet nicht, daß ich ein Inspirationsmonopol habe, das, sagen wir einmal, Norman Mailer oder Truman Capote nicht für sich beanspruchen können. (Ich weiß nicht, ob Herr Mailer oder Herr Capote aus Glauben leben — bis jetzt habe ich von keinem dieser beiden diesbezüglich etwas vernommen.)

Die großen Propheten des Alten Testaments lebten aus Glauben, aber sie waren mit Sicherheit auch göttlich inspiriert. Kann man daraus schließen, daß Gott allein — und nicht auch sie — für die Arbeit verantwortlich war, die sie taten? Auch wenn der Heilige Geist in besonderer Weise durch sie wirkte — ich rechne nicht damit, daß er jemals so durch mich wirken wird —, kostete es sie etwas. Jeder von ihnen mußte für sich die Verpflichtung eingehen, als er berufen wurde, und an Ort und Stelle seine eigenen Pläne und Hoffnungen (und sicherlich seinen Ruf) opfern, damit seine Persönlichkeit, sein Temperament, sein Verstand, seine besonderen Gaben und Erfahrungen als Werkzeuge dienen konnten, durch die der Geist Gottes wirkte, oder als Instrument, auf dem er spielte. All dies muß ich, auch wenn ich kein Prophet bin, ernst nehmen.

Aber da ist noch etwas, was Leben aus Glauben nicht bedeutet. Und das läßt mich die Stirn runzeln und seufzen, weil ich nicht umhin kann zu wünschen, es würde dies bedeuten. Wenn ich mich nun tatsächlich zu den »Gerechten« geselle, wenn ich bereit bin, so hart zu arbeiten, wie ich nur irgend kann, wenn ich körperlich alles tue, um zur höchsten Konzentrationsfähigkeit zu gelangen, und wenn ich mich dazu bringe, täglich x Stunden an der Schreibmaschine zu sitzen (selbst wenn der frische Duft von Harz in mein Zimmer weht und mich in die Wälder ruft; selbst wenn der See im Sonnenschein glitzert und sagt:»Komm her!«), darf ich dann damit rechnen, daß das, was ich erzeuge, die Welt zum Stehen bringen, die Öffentlichkeit in die Buchhandlungen treiben, so hell wie die Sterne am Firmament scheinen wird?

Ich darf nicht damit rechnen. Es gibt keine Verheißungen, die Erwartungen dieser Art rechtfertigen.

In einer Geschichte von Isak Dinesen wird ein Kardinal von einer Dame gefragt: »Sind Sie sicher, daß es Gott ist, dem Sie dienen?«

Der Kardinal seufzte tief: »Das, gnädige Frau«, erwiderte er,

»ist ein Risiko, das die Künstler und Priester der Welt eingehen müssen.«

Und wenn sie das Risiko eingehen, setzen sie ihr Leben auf diese eine Karte. Das kann sich als ebenso wirkungslos erweisen wie Moses Bemühungen beim Pharao oder die Worte der Propheten an das Volk, für das sie zu Gott schrien. Soweit komme ich in der Erörterung mit mir selbst, und mir kommt die Erkenntnis, daß ich keinen Trost daraus schöpfen kann, denn im Fall von Mose und den Propheten war sowohl mit dem Botschafter als auch mit der Botschaft alles in Ordnung. In meinem Fall ist mit beidem vieles nicht in Ordnung.

Dann denke ich an Abel. Und hier finde ich Trost. Abels Name wird in Hebräer 11 in der Liste der Glaubenshelden aufgeführt. Wie die anderen in der Liste (und es ist eine buntgemischte Zusammenstellung), so ist er nur wegen einer Sache dort zu finden, einer einzigen Sache: des Glaubens wegen. Der Beweis für seinen Glauben war sein Opfer. Was sein Opfer annehmbar machte, während Kains Opfer nicht angenommen werden konnte, war der Glaube. Der Glaube garantierte nicht den »Erfolg« des Opfers. Menschlich gesehen, stellte er überhaupt keine Hilfe dar. Die Folge davon war, daß Abel umgebracht wurde. Doch die Art und Weise, wie er sein Opfer darbrachte — »durch den Glauben« —, machte, wie die Bibel sagt, »ein besseres Opfer« daraus als das des Kain und berechtigt ihn, im Hebräerbrief aufgezählt zu werden.

Für mich, deren Aufgabe das Schreiben ist, bedeutet dann Leben aus Glauben mehrere Dinge.

Es bedeutet, die Aufgabe von Gott anzunehmen (das Risiko einzugehen, von dem der Kardinal sprach). Hier gibt es etwas zu tun. Und es sieht so aus, als müßte es von mir getan werden. Also werde ich es tun, und ich werde es für Gott tun.

Es bedeutet, im Vertrauen an die Aufgabe heranzugehen. Ich bin sicher, daß Abel so sein Opfer dargebracht hat. Nicht mit Furcht, nicht mit der falschen Demut, es sei nicht »gut genug«. Was wäre überhaupt gut genug, wenn man es genau nimmt? »Von dir ist alles gekommen, und von deiner Hand haben wir dir's gegeben« (1. Chron. 29,14). Alles, was das eine vom anderen unterscheidet, ist die Art und Weise, wie es dargebracht wird. Ich muß daran denken, daß der Gott, dem ich es bringe, verheißen hat, daß er es annehmen wird. Das ist alles, was ich wissen muß.

Es bedeutet, die Arbeit in bezug auf die Folgen mutig zu tun. Es kann mir natürlich passieren, daß ich einen Bestseller schreibe. Die meisten von uns glauben, mit dieser Art von Folgen fertig werden zu können. (Gott weiß, daß wir es nicht könnten, und läßt nicht zu, daß wir mehr versucht werden, als wir ertragen können.) Auf der anderen Seite kann es passieren, daß ich versage. Abel wurde umgebracht. Jeremia wurde in eine Zisterne voller Schlamm geworfen. Johannes der Täufer wurde enthauptet. Das waren viel schlimmere Schicksale, als wenn man seinen Literaturkritikern ausgeliefert ist. (»Viel schlimmer?« sagt eine Stimme in mir. »Nun komm schon — viel schlimmer« antwortet eine andere. »Jetzt geht's los! Du rechnest dich doch wohl nicht zu einer Gruppe mit diesen überragenden Persönlichkeiten, oder?« — »Ich glaube, einen Augenblick lang schon.«)

Beruht der Glaube, der mir den Mut gibt, den ich brauche, auf früherem literarischem Erfolg? Nicht im geringsten. Denn jedesmal, wenn ich mich hinsetze, um ein neues Buch anzufangen, bin ich mir dessen bewußt, daß ich vielleicht mein Pulver verschossen habe. Es ist eine andere Art Glaube, den ich brauche, der in Gott ruht.

Es bedeutet, alles einzusetzen, was ich habe. Hier muß ich zugeben, daß ich das noch nie gemacht habe. Ich habe noch nie in meinem Leben eine Arbeit abgeschlossen und sie stolz betrachtet und sagen können: »Sieh dir das an! Diesmal habe ich wirklich mein Bestes gegeben!«

Ich schaue mir die Arbeit an und sage: »Warum habe ich es nicht so und so gemacht? Das sollte eigentlich noch einmal gemacht werden.«

»Alles einzusetzen, was ich habe«, ist mein Ziel. Ich kann nicht behaupten, aus Glauben zu leben, solange ich nicht gehorsam bin. Selbst die Wunder, die Jesus tat, hingen davon ab, daß irgend jemand gehorsam war, daß irgend jemand eine Kleinigkeit tat, wie zum Beispiel die Wasserkrüge füllen, eine Hand ausstrecken, ein Mittagessen hergeben. Die Arbeit, die ich tue, muß verwandelt werden. Ich weiß das sehr wohl. Aber es muß etwas dasein, was verwandelt werden kann. Die Verantwortung liegt bei mir, dafür zu sorgen, daß es da ist.

Ich kann jetzt den weißkehligen Sperling hören. Er läßt seinen reinen, lieblichen Ruf erklingen. Aus seiner kleinen Kehle heraus füllt er die Luft mit dem Lied, das zu singen er erschaffen wurde. Es ist das vor seinem Schöpfer »gute und wohlgefällige und vollkommene« (Röm. 12,2) Opfer. Das ist eine Tatsache, und er muß nie um den Glauben daran kämpfen — es sei denn, auch Sperlinge sind in der Lage, zu zweifeln.

Wie der Sperling habe auch ich ein Lied zum Singen. Doch im Gegensatz zum Sperling muß ich es aus Glauben singen.

Der Pfad nach Shandia

Östlich der Anden verläuft eine Straße von der kleinen Teeanbau-Stadt Puyo bis zu einer namenlosen Stelle im Urwald gerade jenseits von Pano. Als ich in Ecuador lebte, gab es den größten Teil der Straße überhaupt noch nicht, und man hätte drei Tage gebraucht, um diese Strecke zurückzulegen. Ich brachte sie vor einigen Wochen in einem Jeep, den eine Missionarin namens Ella Rae steuerte, innerhalb weniger Stunden hinter mich. Wir fuhren am südlichen Ufer des Ansuc-Flusses entlang und überquerten auf einer Hängebrücke den Atun Yacu, den wir früher mit einem Einbaum überquert hatten.

Die Straße führte uns durch die Städte Napo und Tena und dann direkt zu einem Gelände hinauf, das der Missionsstation in Pano einmal als Landebahn gedient hatte. Als die Straße am Pano-Fluß aufhörte, verabschiedete sich Ella Rae von uns, und wir machten uns zu Fuß nach Shandia auf, einem der Orte, an dem ich einmal gewohnt hatte. Ich hatte den Pfad von Tena nach Shandia viele Male benutzt, doch da auch Pferde und Kühe darauf gingen, befand er sich in einem schlimmeren Zustand, als ich ihn je gesehen hatte, und das, obwohl die Regierung Baumstämme quer darauf verlegt hat.

Wir waren zwei Frauen und ein Mann — er in kurzen Hosen und Gummistiefeln, wir in der üblichen Urwaldkleidung, bestehend aus Bluse, Rock und Tennisschuhen. Während wir uns einen Weg durch den Morast bahnten, kamen mir geistliche Parallelen in den Sinn.

Jeder Schritt ist ein Schritt des Glaubens. An manchen Stellen waren die Stämme im Morast versunken. Einen zu finden, auf den man seinen Fuß setzen konnte, machte es nicht leichter, den nächsten zu finden.

Jeder Schritt war eine Entscheidung. Hätten wir jedoch ein Problem daraus gemacht, wären wir überhaupt nicht mehr vorwärts gekommen. Manchmal hatten wir die Wahl, auf einem Stamm von weniger als acht Zentimeter Durchmesser zu balancieren, der parallel zum Pfad lag, und das Risiko einzugehen, seitlich abzurutschen und in den Morast zu fallen, oder absichtlich bis zu den Knien in den Morast zu treten (der wie Erdnußbutter war) oder zu versuchen, uns neben dem Pfad einen Weg durchs Gestrüpp zu schlagen (und natürlich konnte es in dem Gestrüpp immer Schlangen geben).

Man mußte in Bewegung bleiben. Entscheidungen mußten daher schnell getroffen werden. Wenn wir jeden Schritt zu einem Problem hätten werden lassen, das man in Ruhe überdenken muß, wären wir jetzt immer noch dort. Wenn sich eine Entscheidung als falsch herausstellte, was oft der Fall zu sein schien, zogen wir uns einfach wieder aus dem Sumpf heraus und gingen weiter.

Der Pfad, der zu unserem Ziel führte, veränderte sein Aussehen. Wir steckten nicht mehr immer bis zu den Knien im Morast oder waren bemüht, auf Stämmen Halt zu finden, die an manchen Stellen nachgaben und an manchen Stellen versunken waren. Auf einigen kurzen Strecken bestand der Pfad aus Kies. Manchmal mußten wir Hügel erklimmen und Flüsse durchwaten, wo wir ein paar Pfund Urwalderde abwaschen konnten. Gelegentlich waren wir der Sonne ausgesetzt, wo die Bäume zur Gewinnung von Weideland gefällt worden waren, dann gingen wir wieder durch dunklen Schatten.

Vor mir war ein kleiner Fußabdruck. Wenn man oft auf Urwaldpfaden unterwegs ist, lernt man, die unterschiedlichen Fußabdrücke zu erkennen. Eine Gruppe von Indianern war offenbar vor nicht langer Zeit vor uns hier durchgekommen. Darunter war ein Kind von höchstens drei Jahren. Wenn wir an Stellen kamen, die mir unpassierbar erschienen, spornte mich das Wissen an, daß ich dort, wo der Pfad fester war, den kleinen Fußabdruck finden würde. Tatsächlich. Diese kleine Person war durch für sie hüfthohen Morast, über die unsicheren Stämme, durch die Flüsse, die Hügel hinauf und die glitschigen Schluchten hinab durchgekommen.

Es liegt etwas erstaunlich Aufmunterndes in dem Wissen, daß bereits jemand den Weg gegangen ist — vor allem, wenn es jemand ist, der eindeutig größere Schwierigkeiten zu bewältigen hatte als wir. Meistens war keine Spur zu sehen, wo das Kind hergegangen war, und ich konnte den Mut verlieren. Doch hier und da waren die Spuren wieder klar und unmißverständlich zu erkennen. Wenn das Kind es geschafft hatte, konnte ich es auch.

Wir schafften es. Wir erreichten das Haus, das mein Mann Jim Elliot vor dreiundzwanzig Jahren gebaut hatte. Der einzige Grund, warum es heute noch steht, ist der, daß es auf einem Zementboden und bis zu den Fenstersimsen mit Gußbetonwänden gebaut war. Darauf folgten Bretter bis zum Aluminiumdach. Ein normales Urwaldhaus wäre schon längst verschwunden.

Mary fing an, den Fledermausdreck, die toten Küchenschaben und Spinnen hinauszufegen, aufzuräumen, Kerzen anzuzünden und ein einfaches Abendessen zu kochen, während Frank und ich die Indianer in den nahegelegenen Häusern besuchten. Die meisten von ihnen hatten sich in den dreizehn Jahren nur wenig verändert, aber eine Generation von Kindern war nicht wiederzuerkennen.

Wir kramten Bettzeug hervor, das ich, in Stahltrommeln verpackt, dort gelassen hatte, und blieben über Nacht. Aus einer der Matratzen mußte eine Maus entfernt werden. Der Klang des Atun Yacu am Fuß der Klippe war derselbe wie eh und je. Die Schatten, die die Kerzen warfen, schienen Formen anzunehmen, die mir von den Nächten her vertraut waren, in denen ich aufstehen mußte, um mein Baby in genau diesem Schlafzimmer zu füttern. Seine geflochtenen Spielmöbel waren immer noch da; das Polster war verschimmelt und seine Farben verblichen.

Nicht ganz drei Wochen sind vergangen, und ich sitze in Massachusetts in meinem Arbeitszimmer mit grünem Teppichboden. Der Pfad, der zum Ziel führt, verändert sein Aussehen. Bald werde ich wieder vor meinen Theologiestudenten stehen und sie daran erinnern, daß jeder Schritt auf dem Pfad wichtig ist — nicht nur das Ziel, nach dem sie streben. Der saubere, feste Kiesboden ist wichtig, aber auch der Sumpf mit den nachgebenden Stämmen, der Hügel und die Schlucht. Der Wanderer, der jedesmal die Entscheidung trifft, wo er seinen Fuß hinsetzen soll, unterscheidet sich nicht von dem Menschen, der das Haus erreicht und sich schließlich bei einer Tasse Tee und einer Kerze am Kamin ausruhen kann.

Sind sie angehende Pastoren? Dann müssen sie jetzt, während sie unterwegs sind, zuverlässige Männer und Frauen sein, die sich den Aufgaben der Gegenwart stellen und ihr Leben heute leben. Sie starren nicht in den Himmel. Sie müssen auf der Erde leben. Sie müssen stetig vorwärts gehen, einen Fuß vor den anderen setzen — ob er nun auf den Stamm, den Fels oder den Schlamm trifft.

Sie müssen jeder Verpflichtung exakt nachkommen, sei es nun gegenüber einem Professor, einer Zimmerwirtin, einer Frau oder einem Vorgesetzten.

Ich werde sie auch daran erinnern, daß die Bibel nicht von Problemen spricht. Wie Corrie ten Boom sagt, hat »Gott keine Probleme, nur Pläne«. Wir sollten nicht von Problemen reden, sondern vom Ziel. Wir begegnen einem Hindernis, wir treffen eine Entscheidung — und haben dabei immer das Ziel im Auge.

Heute werden wir jedoch dazu erzogen, alles als Problem zu bezeichnen. Ein kleines Mädchen piepst in einer Fernsehwerbung: »Ich habe schreckliche Probleme mit meinen Haaren! Aber meine Mami hat mir ›Kein Verwirren mehr‹ gekauft, und jetzt muß ich nach dem Haarewaschen beim Kämmen nie mehr weinen!«

Eine Gruppe von jungen Frauen bat mich, bei ihnen über »Die Probleme der Witwenschaft« zu sprechen. Ich sagte ab und erklärte, daß ich erstens meine Witwenschaft nicht als Problem betrachtete, daß ich zweitens, wenn ich das täte, nicht sicher sei, ob ich berechtigt sei, meine Probleme jungen Frauen aufzubürden, die selbst genug Sorgen hätten, und daß drittens eine Witwe, genaugenommen, nur ein Problem habe: Sie hat keinen Mann. Und das ist etwas, wogegen niemand etwas tun kann.

Das Leben ist voll von Dingen, gegen die wir nichts tun können, mit denen wir jedoch etwas tun sollen. »Er hat das Kreuz auf sich genommen und sich nichts aus diesem schändlichen Tod gemacht, weil eine so große Freude auf ihn wartete« (Hebr. 12,2). Das ist eine völlig andere Geschichte als die, die geschrieben worden wäre, wenn Jesus vom Geist unserer Zeit angetrieben worden wäre: »Nimm das Kreuz nicht einfach auf dich — denk darüber nach, sprich darüber, erzähl es weiter, bring deinen innersten Gefühle zum Ausdruck, finde dich selbst, finde heraus, wer du bist, bestimme das Problem, analysiere es, laß dich beraten, hol die Meinung von Fachleuten ein, diskutiere Lösungsmöglichkeiten, arbeitete es durch.«

Jesus nahm das Kreuz auf sich. Er machte sich nichts aus der Schande. Die Freiheit, die Frische jener tapferen Selbstlosigkeit ist wie ein starker Wind. Wie dringend wird solch ein Wind gebraucht, um den Schmutz unseres Kreisens um uns selbst fortzufegen!

Analysieren kann einen dazu bringen, sich schuldig zu fühlen, weil man menschlich ist. Menschlich sein bedeutet natürlich auch, sündig zu sein; und für unsere Sündhaftigkeit müssen wir auf jeden Fall die Schuld »verspüren«, die uns zu Recht anhängt. Doch nicht alles Menschliche ist sündig. Jeden Nachmittag spricht ein Mann aus Kalifornien im Radio, dessen vollendete Überheblichkeit beim Analysieren der Schwierigkeiten jedes Anrufers einfach atemberaubend ist. Eine Frau rief an, um über ihre Probleme mit ihrem Mann zu sprechen, der zufälligerweise Schauspieler ist. »Oh«, sagte der Berater, »der einzige Grund, warum Leute Schauspieler werden, ist natürlich der, daß sie Anerkennung brauchen.«

Peng. Problem des Mannes genau festgestellt. Nächste Frage. Ich schaltete das Radio ab und fragte mich mit wachsenden Schuldgefühlen: »Brauchst du Anerkennung?« Antwort: ja. Braucht irgend jemand keine Anerkennung? Gibt es irgend jemand, der damit zufrieden ist, ohne ein anerkennendes Nicken von jemand anderem zu leben? Wäre er nicht von allen Menschen der teuflischste Egozentriker? Wäre seine äußerste Abgeschiedenheit nicht von höchst abscheulicher Natur? Es ist menschlich, wissen zu wollen, daß man bei jemandem auf Anerkennung stößt.

Wir besuchten noch einen anderen Ort, an dem ich gewohnt hatte — Tewaenon —, wo die Aucas leben. Es waren sechzehn Jahre vergangen, seit ich sie zum letzten Mal gesehen hatte, aber sie erkannten mich und riefen mich bei dem Namen, den sie mir gegeben hatten, »Gikari«. Wie es bei ihnen üblich ist, fingen alle gleichzeitig an, mir zu erzählen, was sie gemacht hatten, seit sie mich zum letzten Mal gesehen hatten.

Dabu kam mit zwei seiner drei Frauen die Landebahn heraufgelaufen und begann sofort — es gibt keine Begrüßung in der Aucasprache —, mir zu erzählen, daß er geweint habe, als er vom Tod meines zweiten Mannes hörte. Dies veranlaßte Ipa zu bemerken, daß sie sich hingesetzt und mir einen Brief geschrieben habe, als sie von seinem Tod hörte, doch dann habe sie sich beim nochmaligen Durchlesen des Briefes gesagt: »Er taugt nichts«, und habe ihn weggeworfen.

Manchmal sagen mir Leser meiner Schriften lange Zeit danach, daß sie daran gedacht hatten, mir einen Brief zu schreiben, oder einen geschriebenen mit dem Gedanken weggelegt hatten: »Sie braucht meine Anerkennung nicht.«

Nun, sie irren sich. Wäre es nicht schön, zu wissen, daß ein Fußabdruck, den man auf dem Pfad hinterlassen hat, einfach deshalb, weil er da war, jemanden ermutigt hat?

Alle Kreatur auf Erden

Im Februar 1968 stand auf der Titelseite der »New Yorker« ein Bild von einer Gruppe von Leuten, die schlafende Welpen im Schaufenster einer Tierhandlung anschauten. Jedes Gesicht war erhellt, und die Frauen klopften natürlich ans Glas und versuchten, den reizenden kleinen Spürhunden eine Reaktion zu entlocken.

Was sehen wir in den Gesichtern von kleinen Hunden? Was sonst auf der Welt kann sofort den Gesichtsausdruck der härtesten Leute erweichen, wie es der Anblick eines kleinen Hundes bewirkt, der lustig den Bürgersteig entlang trottet? Ist da etwas Immerwährendes, ein Anzeichen unaussprechlicher Lieblichkeit, von dem wir wissen, daß es in wenigen Wochen vergangen sein wird? Wir wollen dieses weiche Wesen anfassen; wir verlangen nach einer Erwiderung. Leute, die nicht einmal im Traum daran denken würden, auf der Straße einen Fremden anzusprechen, reden mit einem kleinen Hund — und dann, als könnten sie nicht anders, oft auch mit dem Besitzer des Hundes.

Vor einigen Jahren kauften mein Mann und ich einen kleinen reinrassigen Scotchterrier. Er hatte einen kastenförmigen Rumpf, auf dem in der Form einer Pferdedecke schwarzes Fell wuchs, zottelig und glänzend. Er hatte einen kleineren »Kasten« als Kopf mit einem frechen Kinnbart, wundervoll strahlenden schwarzen Augen und einer glänzenden, schwarzen Nase. Seine Ohren waren sehr spitz, und er bewegte sie auf-, seit- und rückwärts — er konnte sie sogar im Kreis drehen —, je nachdem, ob er etwas sah oder hörte oder ob er erwartungsvoll darauf wartete, gestreichelt zu werden. Sein Schwanz war ein kleiner Stummel, der fast immer in Bewegung war. Seine Füße sahen wie kurze Flansche am Ende seiner unglaublich kurzen Beine aus. Seine Beine waren eigentlich gerade lang genug, um sein Kinn über dem Boden zu halten.

Der Name des Hundes war MacPhearce. Er besaß die Lebhaftigkeit des Terriers und konnte laut bellen oder wie ein Tenor knurren. Das war jedoch nur gespielt (»Hat er gelernt, auf Befehl zu töten?« fragte ein Mann auf der Straße.), denn in Wirklichkeit war er sehr zutraulich und suchte ständig Freunde.

Ich legte ihm ein blaues Halsband um und führte ihn an einer blauen Leine aus. (Er trug jedoch weder ein wollenes Schottenmäntelchen noch Gummistiefel. Es erschien mir logisch, daß der »Mantel«, in dem er kam, seinen Bedürfnissen entsprach.)

Oft erblickten ihn Leute und blieben stehen. »Sieh mal den Hund dort!« sagten sie dann, wenn jemand bei ihnen war, zu dem sie es sagen konnten, oder: »Ist er nicht allerliebst?« sagten sie zu mir. Leute unter vierzig sagten oft: »Was für ein Hund ist denn das?« Leute über vierzig sagten: »Oh, ein Scotty! Man sieht sie kaum noch!«

MacPhearce war sich nicht bewußt, daß er außer Mode war. Er war von Bostonterriern, dann von Pudeln und Boxern und Lhasa apsos überholt worden. Doch das beunruhigte ihn nie, und er benahm sich, als sei er genauso, wie er sein sollte — was mehr ist, als man von manchen Menschen sagen kann. Jemand sagte einmal: »Ooohh — ich kann kaum hinsehen: er ist so süß!«

Ich frage mich, ob Gott an dem Tag, als er solche Geschöpfe schuf, ähnlich empfunden hat. »Es ist sehr gut«, hat er laut Bericht gesagt.

Ich glaube nicht, daß wir vom Allmächtigen erwarten können, daß er begeistert oder gar beeindruckt war. Es war genau das, was er im Sinn gehabt hatte. Das Tier war der lebendige Beweis der göttlichen Idee.

Vor Jahren schrieb mein Mann über eine Hündin, die er hatte, namens Lassie. Er glaubte, daß sie für ihn »bestimmt« gewesen sei. Ihre Aufgabe war, dafür zu sorgen, daß er glücklich war, und vielleicht ist unter all den Dingen, die Hunde für Menschen tun (Schafe hüten, Vögel aufstöbern, Schlitten ziehen, Blinde führen, Erfrierende oder Ertrinkende retten), nichts so erstaunlich wie dies: Sie sind Tröster und Gefährten. Sie denken immer an ihren Herrn. Was macht er? Kann ich mit ihm gehen? Ist er glücklich? Wie kann ich ihn aufmuntern?

Eine Frau, die ich kenne, fand eines Abends ihre halbwüchsige Tochter, wie sie im Wohnzimmer auf dem Teppich lag und in das lockige Fell ihres Cockerspaniels hineinschluchzte. Die Mutter hatte sich vielfach gefragt, ob der Hund all die Mühe und den Ärger wert sei, den die Abrichtung, das Füttern und das Entfernen der Hundehaare von Teppichen und Möbeln mit sich brachte. Sie hörte auf, sich darüber Gedanken zu machen, als sie sah, daß der

Hund für ihre Tochter ein Zufluchtsort und ein Freund war, zu dem sie gehen konnte, wenn es ihr unmöglich gewesen wäre, sich bei jemand anderem auszuweinen. Die Mutter beschloß sofort, daß sie, zumindest solange die Kinder noch zu Hause waren, einen Hund haben wollte. (Seitdem ist sie der Meinung, daß auch sie ihn braucht.)

Meine alte Freundin Dorothy, die am Kap wohnt, hatte Dackel, Terrier, Pudel und einen Scotty. »Ach ja, sie geben einem so viel«, sagte sie, »und verlangen so wenig!«

In seinen »Letters to an American Lady«* hat C.S. Lewis einige nette Dinge über Tiere gesagt: »Ich werde nie jemanden auslachen, der einem geliebten Tier nachtrauert. Ich glaube, Gott will, daß wir ihn mehr lieben, aber nicht die Geschöpfe (auch die Tiere) weniger lieben. Kein Mensch, kein Tier, keine Blume und auch kein Kieselstein sind jemals zu sehr geliebt worden — das heißt mehr, als es eines von Gottes Werken verdient.«

In einem anderen Brief schreibt er: »Wir unterhielten uns neulich über Katzen und Hunde und kamen zu dem Schluß, daß beide ein Gewissen haben, daß jedoch der Hund, eine ehrliche und demütige Haut, immer ein schlechtes Gewissen hat, während die Katze ein Pharisäer ist und immer ein gutes Gewissen hat. Wenn sie dasitzt und einen durch ihr Anstarren aus der Fassung bringt, dankt sie Gott dafür, daß sie nicht so ist wie diese Hunde oder diese Menschen oder gar diese anderen Katzen!«

Ein Hund kann einen voll Verehrung anschauen, ohne sich zu schämen; wenn er jedoch von einer Gruppe von Leuten angeschaut wird, die ihm nicht ganz wohlgesonnen sind, scheint er dies zu wissen und beschäftigt sich dann oft mit Pfotenlecken oder beschließt vielleicht, daß er woanders Wichtigeres zu tun hat. Er akzeptiert sich selbst so, wie er ist, und auch uns Menschen so, wie immer wir auch sein mögen. Damit lehrt er uns eine Lektion über die Tugend des gegenseitigen Annehmens.

Hunde können sich jeder Behandlungsweise anpassen, der wir sie aussetzen. Wenn wir aus Versehen auf einen Schwanz treten, jault sein Besitzer vielleicht auf, doch gleich darauf wird er als Zeichen der Vergebung mit ihm wedeln. Die Augen eines Hundes schauen uns vielleicht vorwurfsvoll an, wenn wir ihn zu lange

---

* Deutsch: Briefe an eine Amerikanerin; Anm. d. Übers.

allein gelassen haben, wenn wir mit dem Auto wegfahren und er dableiben muß oder wenn er sein Fressen zu spät bekommt, doch der Vorwurf ist sanft und liebevoll, und er wird »siebenmal siebzigmal« kommen und seinen Kopf auf unseren Schoß legen.

Kürzlich fuhr ein Lieferwagen an unserem Haus vorbei, auf dem geschrieben stand: »Hundefutter und nach wissenschaftlichen Erkenntnissen abgestimmte Tiernahrung aus dem Ofen der alten Mutter Hubbard«[*]. Die Tiernahrungsindustrie ist ein riesiges und einträgliches Geschäft. Jede Tierhandlung bietet eine umwerfende Vielfalt von Freßnäpfen, Futter, Spielsachen, Arzneimitteln, Shampoos, Ungezieferbekämpfungsmitteln, Decken, Körben, Transportkisten, Käfigen, Leinen, Halsbändern — manche sogar mit Bergkristallbesatz — und Kleidungsstücken an, darunter Galoschen und Regenmäntel für Pudel. Wir beleidigen unsere Tiere, wenn wir ihnen nicht erlauben, Tiere zu sein. Wir vergewaltigen ihr Wesen, wenn wir versuchen, sie zu vermenschlichen.

»Achtet den Stolz eurer Hunde«, schrieb Isak Dinesen. »Laßt sie nicht dick und fett werden.« Beladet sie nicht mit allem möglichen Plunder, dessen sie sich schämen müssen, würde ich noch hinzufügen. Verwöhnt sie nicht mit Möbeln und Nahrungsmitteln, die für Menschen ein angenehmer Luxus, aber für Tiere unschicklich sind. Erkennt, wie sie sind, und liebt sie so, wie sie sind. Laßt sie euch lieben, weil ihr sie so liebt, wie sie sind, und nicht, weil ihr sie zu einem jämmerlichen Abbild eurer selbst gemacht habt.

George MacDonald, der schottische Prediger und Schriftsteller des neunzehnten Jahrhunderts, glaubte, daß »Hunde immer das Angesicht des himmlischen Vaters sehen«. Wenn man das Gesicht eines Hundes betrachtet, kommt man dazu, sich über die Erlösung der gesamten Kreatur Gedanken zu machen. Haben Hunde eine Seele? In der Heiligen Schrift finden wir keinen Hinweis in dieser Richtung. Es wird uns jedoch gesagt, daß »alles im Himmel oder auf der Erde in Christus zur Vollkommenheit und Erfüllung finden wird« (nach Eph. 1,10).

Eine Dame fragte einmal Dr. Harry Ironside von der Moody Church in Chicago nach der Erlösung von Hunden. Der Tod ihres kleinen weißen Hundes hatte ihr das Herz gebrochen, und sie war

---

[*] Tierliebende Gestalt aus einer Kindergeschichte; Anm. d. Übers.

nicht sicher, ob es ihr im Himmel überhaupt gefallen könnte, wenn er nicht dort sein würde. »Gnädige Frau«, erwiderte Dr. Ironside, »wenn Sie sich tatsächlich nach Ihrem kleinen weißen Hund sehnen, wenn Sie in den Himmel kommen, dann kann ich Ihnen versichern, daß er dort sein wird.«

Was die »Vollkommenheit und Erfüllung« kleiner weißer Hunde oder kleiner schwarzer Welpen namens MacPhearce bedeuten mag, ist — zumindest für uns — keine sehr wichtige Frage. Sie kann uns aber an unaussprechlich wichtige Fragen erinnern: an die Verantwortung gegenüber unserem Schöpfer, an den Gehorsam gegenüber seinem Ruf und an die Erfüllung seines Planes für uns als Männer und Frauen, die den Auftrag bekommen haben, sich um die Erde zu kümmern. Dann können wir mit allen Kreaturen, groß und klein, und auch mit den Sternen am Firmament, von denen Joseph Addison im Jahr 1712 schrieb, in die Freude einstimmen:

> Sie jubeln in des Geistes Ohr,
> verkünden es mit lautem Chor;
> sie singen zu des Scheines Pracht:
> »Göttlich die Hand, die uns gemacht.«

Fünf Kinder und Friede

Das Haus war groß, weiß, ein gutes Stück von der Straße zurückgesetzt und umgeben von Rasenflächen, Gärten und wunderschönen alten Bäumen — ein Anwesen, mit dem man ohne weiteres einen hauptamtlichen Gärtner beschäftigt halten konnte. Es war fast Zeit zum Abendessen, als mich meine Gastgeberin, die mich am Flughafen abgeholt hatte, an einem Spätnachmittag im Herbst durch den Seiteneingang in die Küche führte. Dort stieg mir der Duft von Rindfleischeintopf und Holzrauch in die Nase, genau das, was ich an einem solchen Ort gerne rieche. Wir gingen durch eine große Halle mit einem wunderschönen Treppenaufgang in ein kleines Wohnzimmer, wo ein Kaminfeuer brannte und drei Jungen auf dem Boden lagen. Zwei waren mit einem Spiel beschäftigt, einer las.

»Jungens, ich möchte euch Frau Leitch vorstellen.«

Alle drei waren sofort auf den Beinen und kamen, um mir die Hand zu schütteln. Sie kamen dieser Aufforderung weder widerwillig nach noch waren sie kurz angebunden, sondern sie verhielten sich sogar so, als freuten sie sich aufrichtig, mich zu sehen.

Nachdem man mir mein Zimmer gezeigt hatte, ging ich zu Arlita, meiner Gastgeberin, in die Küche, um beim Zubereiten des Abendessens zu helfen. Arlita fing an, Brötchen zu backen, während ich Äpfel für einen Salat kleinschnitt. Einige Minuten, bevor das Essen fertig war, erschienen zwei von den Jungen und hatten im Nu den Tisch gedeckt, Milch eingegossen und das Essen aufgetragen.

Im Eßzimmer gab es einen eleganten Kamin, ein mit Blumen geschmücktes Erkerfenster und einen großen runden Tisch aus Kirschbaumholz. Joe, der Arzt ist, saß dem Kamin gegenüber, seine Frau neben ihm. Ich saß auf der anderen Tischseite und zwischen uns die vier Söhne und eine Tochter im Alter von neun bis sechzehn. Wir alle faßten uns zum Gebet bei den Händen. Die Unterhaltung reichte von den Hausaufgaben, der Gemeinde, den Nachbarn und dem Haus ein paar Straßen weiter, in dem ich früher gewohnt hatte, bis zu Mathematik und der Bedeutung eines

Bibelabschnittes. Alle nahmen daran teil. Alle machten sich auch die Mühe, darauf zu achten, daß ihr Gast mit allem versorgt war. Sie reichten mir die Brötchen, die Marmelade, das Salz, fragten, ob ich noch einen Teller Eintopf haben wollte, und füllten mein Wasserglas auf. Es schien, als verstünde jedes Kind, daß es zum »Unterhaltungskomitee« gehörte. Die Tatsache, daß ich eine Altersgenossin ihrer Eltern war, entband sie nicht von einem zuvorkommenden Verantwortungsbewußtsein. Sie brannten sogar darauf, mich zu versorgen und zuzuhören, was ich zu sagen hatte.

Das Eßzimmer hat kein Beobachtungsfenster mit einem Spionspiegel, zu dem ich gewisse Eltern, an die ich denke, bringen kann, damit sie diese Modell-Familie beobachten könnten, die um den Kirschbaumtisch sitzt, wachsam und doch gelöst, gut erzogen und doch vergnügt, aufmerksam und doch ungezwungen. Natürlich würde sich die Familie energisch dagegen wehren, von irgend jemandem als Modell hingestellt zu werden. Und doch sind sie es. Letzten Endes sind alle Familien Modelle — von irgend etwas. Manche von »Kosmos«, dem schönen griechischen Wort, das für Ordnung und System steht. Manche von »Chaos«, dem Gegenteil — Unordnung und Durcheinander.

Zum Schluß der Mahlzeit sangen alle. Ich kann mich nicht mehr daran erinnern, welche Evangeliumslieder sie sangen, aber ich erinnere mich noch an die herzliche Art und Weise, mit der alle einstimmten. Dann las Joe aus der Bibel vor. Sie sprachen darüber, was es bedeutete. Der jüngste Sohn wurde als erster gebeten zu erklären, wovon der Text seiner Meinung nach sprach, und wurde dann von Geschwistern und Eltern hinterfragt, berichtigt und ermutigt.

Joe fragte nach Gebetsanliegen, und jedem Kind fiel jemand ein, für den gebetet werden sollte — ein Schulkamerad, der das Verlangen zu haben schien, Gott kennenzulernen, eine Jüdin, deren Mann gestorben war, ein drogenabhängiger Jugendlicher. Als das Gebet vorbei war, gingen Joe, Arlita und ich ins Wohnzimmer, um uns am Kamin zu unterhalten. Alles war ruhig. Ich war mir kaum der Tätigkeiten in den anderen Räumen bewußt — der Tisch wurde abgeräumt, das Geschirr gespült. Später hörte ich ein Klavier und eine Flöte. Jemand übte. Zweifellos wurden auch Hausaufgaben gemacht, doch alles ohne Streit, ohne eine Unterbrechung der Eltern, die, soweit ich wußte, niemandem Anweisungen gegeben hatten, als wir vom Tisch aufstanden.

Später am Abend fiel mir die Stille auf.

»Sind die Kinder im Bett?« fragte ich.

»Wie spät ist es?« sagte Arlita.

»22.45 Uhr.«

»Dann sind sie im Bett. Normalerweise sagen wir ihnen Gutenacht, doch manchmal, wenn wir Besuch haben, kommen sie nicht mehr herunter.«

Das nahm mir fast den Atem. Ich bin schon in ziemlich vielen Häusern zu Besuch gewesen, in denen das tägliche Zubettgehen mit gutem Zureden, Drohungen, Bitten, langen Verhandlungen und zum Schluß Kapitulation den größten Teil des Abends in Anspruch nimmt.

»Wie«, wollte ich wissen, »macht ihr das? So eine Ordnung, so ein Friede, der Spaß, den jeder zu haben scheint, und so ein reibungsloses Ineinandergreifen geölter Zahnräder.« Ich wuchs in einer Familie auf, von der man dasselbe hätte sagen können, aber das war eine andere Generation, eine andere Zeit. Zufußgehen kam den Leuten noch als Möglichkeit in den Sinn, wenn sie irgendwohin mußten, und es war noch nichts Außergewöhnliches, wenn man an manchen Abenden einfach auf der Veranda saß und nirgendwo hinging. Wie machten es also Joe und Arlita in diesen Tagen, in dieser Zeit?

Sie sahen einander an, als wäre die Frage nie zuvor aufgetaucht. Arlita lächelte.

»Nun —«. Sie zögerte, während sie versuchte, sich daran zu erinnern, wie sie es gemacht hatten. »Ich bin sicher, daß wir genau dasselbe gemacht haben wie ihr. Wir überlegten uns, wie wir es haben wollten, und dann machten wir es so. Stimmt es nicht, Joe?«

»Es stimmt. Wir beschlossen sogar noch, bevor die Kinder auf der Welt waren, wie wir die Dinge haben wollten. Das Zubettgehen zum Beispiel. Ich möchte nichts gegen meine Kinder haben, und wenn ich den ganzen Abend über nur Ärger mit ihnen hätte, wenn ich darum kämpfen müßte, sie abends ins Bett und morgens wieder heraus zu bekommen, dann hätte ich etwas gegen sie. Deshalb haben wir ihnen, seit sie acht oder neun Jahre alt waren, nicht mehr gesagt, wann sie ins Bett mußten. Wir sagen ihnen, wann sie am Frühstückstisch sein müssen. Jedes von ihnen bekommt einen Wecker, und wenn sie wissen, daß sie um 7.30 Uhr gewaschen, angezogen, gekämmt und wach an ihren Plätzen sitzen müssen, finden sie bald von selbst heraus, wann sie ins Bett gehen und wann sie aufstehen müssen.«

Es funktionierte. Am nächsten Morgen, es war ein Samstag, waren die Kinder unten, um die ihnen zugewiesenen Arbeiten zu verrichten. Um 7.30 Uhr setzten wir uns zu Wurst, gebackenen Äpfeln, Rührei, Kuchen, Orangensaft und Kaffee an den Tisch. Arlita hatte das Frühstück nicht zubereitet, sondern die Kinder. Sie hatten alles so eingerichtet, daß die ganze Sache in ungefähr fünfzehn Minuten fertig war. Der Tisch war gedeckt, das Essen aufgetragen — heiß, appetitlich und pünktlich.

»Bricht das System je zusammen?« wollte ich wissen.

»Es gibt auch Nachlässigkeiten«, sagten Joe und Arlita, »und manchmal müssen Sonderrechte entzogen werden. Aber das Arbeiten macht auch viel Spaß und fördert die Kameradschaft, und jeder sieht es gern, wenn alles glatt läuft.« Ich hatte noch nie ein schöner geordnetes Zuhause gesehen, auch noch nie ausgeglichenere, liebenswürdigere und aufgeschlossenere Kinder. Da muß eine Verbindung bestehen.

Die Pflege eines Hauses von der Größe des ihren bringt viel Arbeit mit sich. Niemand kommt, um zu kochen, sauberzumachen oder den Garten zu pflegen. Die ganze Familie hilft mit. In gewissen Abständen wird eine Liste der besonderen Arbeiten ausgehängt — Holzhacken, Fensterputzen, Bohnern — Arbeiten, die nicht jede Woche anfallen —, und die Kinder tragen sich für das ein, was sie in Angriff nehmen wollen. Dann macht jedes Kind für jede Arbeit eine Karte und trägt die dafür verwendete Zeit ein. Danach wird die Karte einem Elternteil vorgelegt, von dem die erledigte Arbeit inspiziert und die Karte unterschrieben wird, wenn das Ergebnis zufriedenstellend ist. Wenn die Karte nicht unterschrieben werden kann, muß das Kind die Arbeit auf eigene Zeitkosten noch einmal machen. Am Monatsende werden die Karten eingereicht und die Kinder nach dem gängigen Tarif bezahlt. Mit dem Geld, das die Kinder so verdienen, kaufen sie sich selbst ihre Kleidung, bis auf das jüngste, das die Hälfte seines Geldes auf die Bank legt und spart, bis der Tag kommt, an dem es ebenfalls selbst für Kleiderkauf verantwortlich ist.

»Auf diese Weise arbeiten wir alle füreinander«, sagte Joe. »Jeder trägt soviel Verantwortung, wie er tragen kann. Sie werden natürlich nicht für die täglichen Aufgaben wie Bettenmachen, Tischdecken und Geschirrspülen bezahlt. Aber letzten Monat haben wir für 125 Stunden ›besonderer Arbeiten‹ Lohn ausgezahlt.«

Strawinski spricht in seiner Vortragsreihe »Musikalische Poetik« von der »Qual, in die mich eine uneingeschränkte Freiheit taucht«. Uneingeschränkte Freiheit — Qual. Das Gegenteil davon, Disziplin und heitere Gelassenheit, kennzeichnen die Familie, die ich beschrieben habe. Doch dazu waren Überlegungen, war der richtige Blickwinkel nötig. Es kostete Mut, den Kindern die Last aufzulegen, Kraft, sie dabei zu unterstützen, Demut, sich dieser Ordnung unterzuordnen, und ein Ohr, das auf einen anderen Trommler eingestimmt ist als den, auf den die Welt hört.

Drei Häuser, drei Hütten Gottes

Wohnt der Herr des Himmels in Häusern der Erde? Die Prophezeiungen von Jesaja (»Siehe, eine Jungfrau ist schwanger und wird einen Sohn gebären, den wird sie nennen Immanuel« [Jes. 7,14]) und in der Offenbarung (»Siehe da, die Hütte Gottes bei den Menschen! Und er wird bei ihnen wohnen, und sie werden sein Volk sein, und er selbst, Gott, wird mit ihnen sein« [Offb. 21,3]) erfüllen sich jeden Tag in den Häusern derer, die Gott lieben. In letzter Zeit konnte ich mehrmals einen kurzen Einblick darin nehmen, und es war für mich ein Segen, zu sehen, daß Gott in den Häusern, die ich besuchte, gegenwärtig war.

Erste Szene: Eine Wohnung in Boston. Die junge Frau ist schwanger. Ihr Mann, ein Aktienmarktanalytiker, hat sich entschlossen, einen Hund anzuschaffen. Nicht einen Hund von handlicher, auf die Wohnung abgestimmter Größe, sondern einen schönen, temperamentvollen, großen, goldgelben Apportierhund, mit dem er im Park rennen und herumtoben kann. »Was soll ich nur machen?« sagte sie zu mir. »Bald kommt das Baby, und die Wohnung ist so klein.«

Bei anderen Gelegenheiten hatten wir über das biblische Prinzip der Unterordnung der Frau unter ihren Mann gesprochen. Wir kamen zu dem Schluß, daß es Fälle gibt, in denen eine Frau, ohne dieses Gebot zu mißachten, ihrem Mann einen anderen Standpunkt unterbreiten darf, den er überdenken kann. »Ich will nicht widerspenstig sein«, sagte die junge Frau. »Der Hund und das Baby mit mir in einer Wohnung — schaffe ich das?« Ich fragte mich auch, ob sie das konnte. Ich konnte sie sehr gut verstehen.

Deshalb beteten wir darüber und baten Gott, ihr seine Antwort zu zeigen. Noch am selben Nachmittag rief sie mich an. »Die Sache hat sich bereits geklärt! Mike hat beschlossen, mit dem Hund zu warten, bis wir aufs Land ziehen können. Und dabei habe ich kein einziges Wort gesagt und überhaupt nicht erwähnt, daß ich nicht sicher sei, ob wir das schaffen würden! Ich wollte nur, daß du dem Herrn mit mir dankst, und Mike muß gar nichts davon wissen.«

Zweite Szene: Früher Morgen. Eine glänzende Fliesenveranda

an einem Hang mit Blick auf das türkisblaue Meer. Eine kühle Brise weht; Vögel zwitschern und schnellen zwischen den Blumen hin und her. Schwere Düfte steigen vom Garten auf. Zwei Schwarze unterhalten sich leise in der Nähe; sie sprechen den Dialekt der Insel, den ich nicht verstehe. Aus der offenen Tür, die in das kühle, dunkle Eßzimmer führt, kommt ein Mann. Es ist ein großer Mann mit breiten Schultern, kräftiger Brust, schwarzem Haar und einem narbigen, tief gefurchten Gesicht. Er trägt an diesem Morgen Jeans und ein weißes Hemd, nicht das schwarze, in dem ihn die Öffentlichkeit für gewöhnlich sieht. Es ist Johnny Cash. Wir reden über die Schönheit des Morgens, darüber, was er in der Bibel gelesen hat, und über June, seine Frau. Ich spreche davon, wie liebenswert sie ist (ich lernte sie erst gestern kennen). »Sie ist rein«, sagt John. »Diese Frau hat ein reines Herz.«

John Carter Cash kommt aus dem Haus gerannt. Er ist sieben Jahre alt, der Augapfel seines Vaters, und wir drei machen vor dem Frühstück noch eine kurze Fahrt in einem Golfwagen.

Das Frühstück wird an einem Glastisch auf der Ostveranda von einem eleganten Schwarzen in weißer Jacke serviert. Es gibt sechs Arten Obst, darunter auch eine besondere Pflaumensorte — unscheinbare Kugeln mit brauner Schale und einem Fruchtfleisch —, die eine ganz besondere Delikatesse sind. Die anderen Gäste sind Billy und Ruth Graham. Nach dem Frühstück gehen wir alle an den Strand — John und June, Billy und Ruth, John Carter und Frau Kelly, die ihn versorgt, und ich. Überall erhellen sich die Gesichter der Leute vor Erstaunen und Freude — ist das nicht Johnny Cash? Menschenskind! Und — noch einmal Menschenskind! — das ist Billy Graham! Sie alle werden für den Rest ihres Lebens ein gewisses Leuchten an sich haben.

Schließlich lösen sich zwei Jugendliche aus einer Gruppe. »Herr Graham, könnten wir ein Autogramm von Ihnen haben?«

»Natürlich. Sind das dort drüben eure Freunde? Sagt ihnen, sie sollen auch rüberkommen.«

Sie sind begeistert. Ich mache ein Farbfoto — und frage mich eine Woche später, warum ich nicht auf die Idee gekommen bin, mir die Adresse von einem der Jugendlichen aufzuschreiben. Sie hätten sich sicher sehr über ein Bild von ihnen mit einem berühmten Mann gefreut.

Er ist freundlich und nett zu ihnen. Als sie gehen, frage ich ihn, ob ihm die Autogrammjäger nicht auf die Nerven gehen. Er lacht. »Es ist doch keine große Sache, ihnen den Gefallen zu tun, oder?« John sagt, er sei manchmal schroff und abweisend gewesen, bevor er sein Leben Jesus übergab. Er hatte genug von dem Rummel um ihn und den Schwärmen von Anhängern. »Doch jetzt lebe ich nicht mehr für Johnny Cash. Es muß anders sein.«

Abend. Wir haben gegessen und sitzen im Wohnzimmer. Glänzende schwarze Holzfußböden und Holzbalken. Weißes Sofa, weiße Sessel mit wedgwoodblauer Anschnürung. Blaßblaue Vorhänge, weiße Wände, Orientteppiche, ein großer Flügel. John Carter schläft neben mir auf dem Sofa, ausgestreckt in der seligen Gelöstheit der Kindheit.

Acht Jamaikaner und Jamaikanerinnen sind bei uns — Küchenpersonal, Hausmädchen, Leibwachen. Vicki, eine Köchin, hat Geburtstag. June hat ihr verschiedene kleine Geschenke überreicht, und Fräulein Vicki wird gefragt, ob sie mit uns beten will. Sie tut es. Ohne Getue, ohne Zaudern oder Befangenheit betet sie für uns alle; dabei nennt sie Cashs und Grahams ihre besten Freunde und spricht zu Gott über ihre Verantwortung, sie freundlich aufzunehmen und ihnen zu helfen; dann spricht sie vom Heiligen Geist und bittet ihn, uns zu segnen, ihre Gemeinde zu segnen, unsere Gemeinschaft miteinander zu segnen.

Mit leeren Händen komme ich, Herr«, zitiert sie aus einem Lied, »halt fest an deinem Kreuz mich nur.« Dann: »Ich bin ein Blatt, das der Wind durchweht. Wehe, Heiliger Geist.«

John klimpert auf seiner Gitarre, erzählt ein bißchen von einigen Erlebnissen seines Lebens und leitet dann zu einem Lied über. »Warum ich, Herr?«

»Ein Lieblingslied der Häftlinge«, sagt er. Sie weinen immer, wenn er es singt. Dann singt er »Ein Tag auf einmal« und »Was auf Erden willst du um Himmels willen tun?«

Die Bediensteten singen auch. Einer nach dem andern schlagen sie ein altes Liederbuch auf, erheben sich und singen: »Friede, Friede«, »In mein ...erz« (Insulaner scheinen die Hs zu verschlucken), »Amazing Grace«.

Johnny, der »Mann in Schwarz«, einst ein Drogensüchtiger, viele Male im Gefängnis, ein harter, selbstzerstörerischer Mann, hört zu. Er weiß gut, was diese einfachen, bekannten Worte bedeuten:

»Amazing grace, how sweet the sound that saved a wretch like me.«* Das schließt uns alle ein.

Billy liest aus der Bibel vor, und zwar aus einer Ausgabe, in der die vier Evangelien zusammengefaßt sind. Er liest die Geschichte vom Gründonnerstag, da heute dieser Tag ist. Dann spricht June. Ihre großen, dunklen Augen sind ernst, ihre Stimme sanft. »Christus wohnt in diesem Haus«, sagt sie, »ich weiß es. Und diese Leute wissen es auch.« Sie zeigt auf die Angestellten. »Wenn du hier bist, Elisabeth, bist du umhüllt. Wir sind alle umhüllt — Billy und Ruth, John Carter, Kelley, John, du und ich. Wir sind von Gebeten umhüllt. Diese Leute beten für uns, nicht wahr?« Die Jamaikaner nicken: »Ja, Mama.«

Auf unsere Bitte hin singt John noch etwas: »Ein Junge namens Sue«, »Wohlfahrtsauto«, »I walk the line«. Um 21.30 Uhr erhebt sich Billy von seinem Sessel. »Ich weiß nicht, wie es mit euch steht, aber ich muß ins Bett.« Alle stehen auf.

Ruth und ich bleiben noch einen Augenblick bei June und blicken auf John Carter auf dem Sofa. »Ich möchte euch etwas von diesem kleinen Jungen erzählen«, sagt June. »Einmal lagen John und ich im Bett und lobten einfach den Herrn, dankten ihm und erhoben im Lob unsere Hände. John Carter lag bei uns im Bett, und er erhob seine kleinen Hände und sagte: ›Mama, ich glaube, ich muß weinen!‹ Wir alle waren nahe am Weinen; wir waren so glücklich.«

Während der Nacht schlägt ein Fensterladen, ein Hund heult, Regen prasselt aufs Dach, und mein Sonnenbrand weckt mich jedesmal auf, wenn ich mich herumdrehe, doch es macht mir nichts aus. Es gibt mir die Möglichkeit, das große, antike Himmelbett zu genießen und über die undenkbare Tatsache nachzudenken, daß ich im Haus von Johnny Cash auf Jamaika bin, einem im Jahr 1740 von der Familie Barrett von Wimpole Street erbauten Haus. Nun ist es das Heim eines durch die Gnade Gottes gänzlich veränderten Mannes und einer Frau, deren Gebete ihn durch einige seiner dunklen Jahre begleiteten. (»Ich nutzte den Fußboden im Gebet für ihn ab!« sagte June.)

Am nächsten Morgen sitzen wir beim Schwimmbecken. »Ich

---

* Deutsch: Wie süß der Klang der wunderbaren Gnade, die einen Elenden wie mich erlöste.

hatte diese Leidenschaft in mir, diese verzehrende Leidenschaft, etwas mehr mit meinem Leben zu machen, als nur Ehefrau und Mutter zu sein«, erzählt uns June. »Ich wollte ein Star sein. Zwei Ehen ruinierte ich deswegen, und ich weiß es. Nun — ich gab das alles auf. Ich gab ihn dem Herrn, diesen selbstsüchtigen Ehrgeiz, und jetzt habe ich einen Mann, der mich verehrt.« (Es ist offensichtlich, daß er es tut.) »Deshalb sage ich zu meinen Töchtern, und wir haben sechs davon: ›Ihr macht es so, wie es die Bibel sagt. Ihr ordnet euch unter. Ihr ordnet euch eurem Mann unter. Wenn er euch sagt, ihr sollt auf die Knie gehen und den Boden schrubben, Kameraden, dann mal ran! Auf allen Vieren, wenn nötig‹«

Dritte Szene: Das Haus eines Arztes in San Francisco. Im Schlafzimmer stehen drei Kinderbettchen mit drei kleinen Jungen, kichernd, zahnlos grinsend, ausgelassen auf und ab springend, als ihre Mutter und ich hereinkommen. Alle sind ungefähr ein Jahr alt, es sind aber keine Drillinge. Sie sind adoptiert und haben nun Eltern mittleren Alters. Beide sind Mediziner, die Mutter ist fast fünfzig. Ich sehe zu, wie die Jungen gefüttert werden. Sie bekommen keine gekaufte Fertignahrung. Elizabeth Paeth Lasker (für mich immer »Bunny«) bereitet sie selbst zu — zum Mittagessen mit der Küchenmaschine püriertes Hühnchen und Spinat, am Nachmittag für zwischendurch Äpfel und Käse, zum Abendessen Salat (Salat!).

Sie stellt drei hohe Stühle in einer Reihe auf und fängt an, mit einem einzigen Löffel aus einer einzigen Schüssel löffelweise zu verteilen. Es geht eins, zwei, drei, eins, zwei drei. Wenn Nummer Zwei es ausspuckt, bekommt es Nummer Drei. Alle mögen das, alle sind entspannt und bei bester Laune. »Sind sie nicht herrlich?« sagt Bunny immer wieder. Ich habe noch nie eine glücklichere Familie gesehen.

Letzte Woche schrieb sie in ihrem Brief an mich: »Die Kinder haben nun alle ihren ersten Geburtstag hinter sich, und so endet das ereignisreichste und schönste Jahr unseres Lebens. Welch ein Vorrecht, diesen lebendigen, wachsenden Persönchen nah sein zu dürfen! Da kann ich nur ständig ein Lobopfer darbringen, während ich immer wieder dieselben Dinge tun muß, die dazugehören, wenn man für drei lebhafte kleine Jungen sorgt. Evelyn Underhills Gedanke ist es, daß jede irdische Handlung, die die Augenblicke unseres Tages ausfüllt, nicht nur eine ›Art‹ Opfer ist,

sondern eigentlich das wahre Opfer. Und da mein Tag mit sich immer wiederholenden kleinen Dingen gefüllt ist, die einem so gering und unbedeutend erscheinen, ermutigt und beruhigt es mich, wenn ich daran denke, daß jedes dieser Dinge (Dreck vom Teppich kratzen, ganze Rollen Toilettenpapier wieder aufrollen, Windeln wechseln, Kleider waschen, Brot backen, klebrige Fußböden schrubben, Stühle scheuern und so weiter und so fort) ein Opfer des Lobes und von Wert (unglaublich!) für den Meister ist.«
»Siehe da, die Hütte Gottes bei den Menschen.« Um es mit John Kebles Worten auszudrücken:

Die gewöhnliche Pflicht, die Kleinigkeiten,
werden alles, was wir erbitten sollen, zubereiten;
Es gibt Raum, um uns selbst zu verleugnen, eine Bahn,
die uns Gott näherbringt, himmelan.

Notizen aus dem Tagebuch einer Großmutter

30. April. Heute spreche ich auf einer Theologenkonferenz über »Männlichkeit und Weiblichkeit vor Gott«, wobei ich aufzuzeigen versuche, daß die Frage für Christen in erster Linie eine theologische ist und nicht eine belanglose Frage der Physiologie oder nur der Soziologie (»Lebensstil«, »Rollentausch« und so weiter), der Politik oder der Rechthaberei. Wie alle anderen erschaffenen Dinge muß auch diese Sache etwas bedeuten. Ich frage mich, wer wohl »Ohren zum Hören« hatte? Ich fliege nach der Konferenz von Philadelphia nach New Orleans, wo Walt und meine Tochter Val mich abholen. Er sieht gut, wenn auch etwas gequält aus, sie, hochschwanger, strahlt.

1. Mai. Das kleine Haus in den Zuckerrohrfeldern ist wirklich ein glückliches Heim, wenn auch die Arbeit, die Gott Walt in den beiden kleinen Gemeinden gegeben hat, gut dafür geeignet wäre, sein Herz in Stein zu verwandeln. Noch ist es nicht soweit, daß jeder jeden liebt!

Heute ist ihr erster Hochzeitstag. Ich sitze auf dem Sofa und schaue Val zu, wie sie unter Anleitung und Mithilfe von Walt, der den Geburtshilfekurs mit ihr zusammen besuchte, ihre Lamaze-Übungen durchgeht. Es handelt sich um Atemübungen, die hauptsächlich aus abwechselnd langsamem und schnellem Atmen nach bestimmten vorgeschriebenen Rhythmen bestehen. Das ist ein hervorragendes Mittel, um die Frau von ihren Schmerzen abzulenken. Die Begriffe der Männlichkeit und Weiblichkeit finden hier wunderschön Ausdruck — der Mann, der die Frau, die sein Kind unter dem Herzen trägt, umhegt, pflegt, beschützt und ihr hilft; die Frau, die von ganzem Herzen auf das eingeht, was er sagt und tut, deren Leib voller Hoffnung ist und die sich darauf vorbereitet, Schmerz zu erleiden.

Sie haben alles vorbereitet: ein Zimmer ausgeräumt, frisch gestrichen und eingerichtet, ein Bettchen, das bereit ist, den neuen Erdenbürger aufzunehmen; winzige Kleider in ordentlichen Stapeln, eine weiße Lochmustertasche fürs Krankenhaus mit einer oder zwei Windeln, einem winzigen blauen Hemd (für einen Jungen) und einem Kleidchen mit Rosenknospenmuster (es kann auch ein Mädchen sein, obwohl ich nicht damit rechne).

4. Mai. Heute ist der »fällige Termin«. Alles ist voller Erwartung. Ein paar kleine Anwandlungen von Schmerz, aus denen sich Wehen entwickeln könnten, flauen ab, mit ihnen unsere Hoffnungen und Erwartungen. Wenn es heute doch nur soweit sein könnte, dann wäre Val vielleicht am Muttertag schon wieder aus dem Krankenhaus zu Hause und könnte den neugierigen Leuten in der Gemeinde ihr Baby vorführen, von denen manche viel gespannter zu sein scheinen als sie selbst. Und je früher das Baby kommt, um so länger könnte natürlich seine Großmutter helfen, bevor sie nach Minnesota abreist.

5. Mai. Die Versuche, meinen Vortrag für Minnesota zusammenzustellen, sind ein schwieriges Unterfangen, da wir alle so gespannt sind. »Wenn wir doch nur dieses Baby bekommen könnten, dann könnten wir wieder zur Sache kommen und Predigten vorbereiten und so weiter«, sagt Walt.

7. Mai. Fahrt zum Arzt in New Orleans — fünf Stunden hin und zurück — zu Vals allwöchentlicher Untersuchung. Alles in Ordnung. Kein Fortschritt. Das war sein zermürbender Kommentar.

9. Mai. Der Herr der Schöpfung weiß genau, warum es uns so wichtig erscheint, daß das Baby jetzt kommt. Würde das Universum aus den Angeln gehoben werden, wenn er seine Erlaubnis geben sollte, daß dieses eine Kind heute auf die Welt kommt? Ist diese Bitte zu groß? Was weiß er, das es so nötig macht, daß wir warten? Von der Art sind die Fragen, mit denen ich versuche fertigzuwerden, während ich an diesem Nachmittag betend durch die Zuckerrohrfelder spaziere. Souveräner Herr, wir warten auf deine Zeit. »Meine Zeit steht in deinen Händen« (Ps. 31,16). Dein Wille geschehe auf Erden, in diesem Winkel der Erde, in dieser jungen Frau, wie auch im Himmel.

12. Mai. Jeden Morgen erwache ich mit den Spottdrosseln (und das Konzert, das sie veranstalten, ist atemberaubend; es beginnt um fünf Uhr in der Eiche vor meinem Fenster; da zwitschert, piepst, pfeift, trillert, schreit und schmettert es, da werden Melodien ausprobiert und verschiedene Register gezogen) und frage mich: Wird es heute soweit sein? Das ist eine Frage, die sich Chri-

sten jeden Morgen stellen sollten, und zwar in bezug auf ein schon viel länger erwartetes Ereignis: »Komm, Herr Jesus.« Ich gehe hinunter und fange an, Frühstück zu machen. Val erscheint, frisch wie ein Frühlingsbach. Sie hat keine Wehen, keine Anzeichen dafür, keine Klagen. Sie wartet sehnlichst auf das Baby, ist aber doch ruhig in ihrem Vertrauen...

Es ist Mittag, und die Spottdrossseln singen immer noch. Sie loben Gott und, wie es scheint, verspotten mich. Ich sitze an einem Schreibtisch bei der Klimaanlage und verfasse einen Vortrag über »Die Voraussetzung für eine Vorrechtsstellung«, den ich vor Examenskandidaten halten soll, und ich weiß nur zu gut, daß das Größte, was von jedem als Voraussetzung verlangt werden kann, Vertrauen zum lebendigen Gott ist. Ich erfülle diese Voraussetzung nicht sehr zufriedenstellend, wenn ich dasitze und mir über seinen Zeitplan Sorgen mache.

14. Mai. Beim Arzt in New Orleans. Es ist 10.25 Uhr, genau vierundzwanzig Stunden, nachdem wir zu Vals Arzttermin hier ankamen, bei dem wieder nichts anderes als »kein Fortschritt« herauskam. Ich gehe nochmals diesen Zeitabschnitt durch.

Wir fahren nach Hause und sind um 22.00 Uhr da. Um 1.15 Uhr werde ich von Val geweckt. »Ich hab sie, Mama. Alle fünf Minuten Wehen. Ich glaube, wir machen uns besser auf den Weg.« Val und Walt sind beide gelassen und glücklich, während wir ostwärts fahren. Für den Notfall haben wir saubere Windeln, ein Leintuch und eine ausgekochte Schere hinten in unserem Wagen. Während wir an den Kränen, Werkzeugläden, Schleppkähnen, Ladebäumen und Schweißereien von Morgan City vorbeifahren, sehen wir vor den Bars viele Lastautos stehen — eine Welt von Männern, die mit einem anderen Zeittakt leben. »Dieselhämmer«, »Schweißarbeiten vor der Küste«, »Oceansystems-Tauchservice« heißt es auf den Schildern entlang der Straße.

Val stoppt ihre Wehen mit einer Armbanduhr und notiert Abstände und Dauer. Drei Minuten, fünf Minuten, elf Minuten, sieben Minuten.

»Liebling, ich staune über dich«, sagt Walt. »Ich liebe dich.«

Wir kommen zur Huey P. Long Bridge, die nach New Orleans hineinführt. Der Mond scheint. Es ist eine dünne Sichel mit einem hellen Stern an seiner Spitze.

»Alles in Ordnung, Liebling?« fragt Walt.

»Mir geht's gut!« Val lächelt. Sie legt ihre Füße auf meinen Schoß, ihren Kopf in Walts. »Preist den Herrn, es ist soweit!« sagt sie.

»Du bist phantastisch!«

»Aber ich bin doch so glücklich!«

Wir kommen bei Walts Eltern an. Walt versucht, die Tür zu öffnen, doch die Kette ist eingehängt. Aber fast im selben Moment geht das Licht im Schlafzimmer an. Seine Mutter läßt uns herein. Ich gehe ins Bett, Val und Walt wollen noch spazierengehen. Um acht Uhr wache ich auf. Alles ist noch still im Haus. O weh, denke ich, falscher Alarm! Doch bald wachen die anderen auf, und ich bin wieder gewiß, daß die Sache noch im Gange ist. Um zehn Uhr ruft Val beim Arzt an. »Kommen Sie 'rüber«, sagt er. Da sind wir also...

Sie kommt aus der Praxis, etwas wehmütig lächelnd. »Er sagte, wir können wieder heimgehen. Es kann heute soweit sein, vielleicht aber auch erst morgen oder am Montag.«

Der Nachmittag geht zu Ende. Val ruht sich aus, geht auf und ab, zählt die Wehen, duscht. Am Abend gehen wir ins Krankenhaus.

15. Mai. 0.40 Uhr. Ich sitze im »Storchenclub«, dem Wartezimmer für werdende Väter. Außer mir ist niemand da. Ich habe gerade Walt vierzig Minuten im Wehenzimmer abgelöst, wo ich massiert, Sekunden gezählt — um Val bei der Atemtechnik zu helfen — und auf die erregende Wiedergabe der kindlichen Herztöne auf dem Monitor gelauscht habe. »Jetzt verstehe ich, warum sie uns gesagt haben, daß dies die schwerste Arbeit sein wird, die wir jemals tun«, sagt Val.

2.00 Uhr. Ich sehe zu, wie Walt sie während einer der schlimmen Wehen festhält. Sie hat den Kopf zurückgeworfen, Schmerz steht auf ihrem Gesicht. Nach seinen leisen Anweisungen holt sie Luft und stößt sie wieder aus. »Du bist großartig, Liebling!« sagt er. »Du wirst es schaffen!«

3.35 Uhr. Der Arzt kommt im Krankenhaus an. Walt geht, um sich den grünen Kittel für den Kreißsaal anzuziehen. Jetzt kommt er ins Wartezimmer.

»Ihre Tochter!« (Ich sehe Tränen auf seinen Wangen.) »Hut ab! Siebenundzwanzig Stunden, aber sie gibt nicht auf.« Die Schwester ruft ihn.

4.15 Uhr. Walt kommt zur Tür (ich bin nicht mehr allein im Wartezimmer — ein junger Mann und seine Schwiegereltern sind da) und winkt mich in den Flur. Dort fällt er mir um den Hals. »Es ist ein Junge. Walter Dorman Shepard III. Hörst du ihn? Horch! Du kannst ihn am anderen Ende des Flures weinen hören. Das ist er. Das ist unser Sohn!«

Eine Schwester schiebt ein Wägelchen durch den Flur. Da ist er, ein kleines, entschlossenes Gesicht mit einem Grübchen am Kinn (sein Vater und seine Mutter haben dieses Grübchen, und sein Großvater Jim Elliot hatte auch eins). Wir folgen der Schwester zum Kinderzimmer, wo sie den Vorhang zurückzieht, damit wir zuschauen können, wie sie ihn wiegt und mißt. Wir gehen in Vals Zimmer, und nach ein paar Minuten bringt die Schwester das lebendige Bündel herein. Es ist still im Zimmer.

Mutter und Kind.
Der Vater, über beide gebeugt.

Dann liest er die wunderschöne Liturgie für den »Dankgottesdienst für Wöchnerinnen« aus dem Gebetbuch vor:

»Allmächtiger Gott, wir danken dir in aller Demut, daß es dir gnädig gefallen hat, durch den großen Schmerz und die Gefahr der Geburt hindurch diese Frau, deine Magd, zu erhalten, die dir nun ihr Lob und ihren Dank darbringen will...

Wir flehen dich an, himmlischer Vater, gib, daß das Kind dieser deiner Magd täglich an Weisheit und Größe zunimmt und in deiner Liebe und im Dienst für dich wächst, bis es zu deiner ewigen Freude eingeht; durch Jesus Christus, unsern Herrn.« Wir alle sprechen das »Amen« gemeinsam.

Die Großmutter denkt auch an die schönen Worte, die Amy Carmichael in Indien für die Kinder schrieb, die sie gerettet hat:

Durch die bewegten Wasser des Lebens lotse sie,
durch den bittern Kampf des Lebens ermuntre sie.
Vater, Vater, umgib du sie!

Und die Großmutter beschließt auch, zu versuchen, nicht gleich allen Leuten, die gar nicht danach fragen, von diesem kleinen Jungen zu erzählen, und denen, die fragen, nur mit Maß zu erzählen. Aber ach, hier faßt sie auch schon alles in Worte. Alles? Nein, sie hat ziemlich viel weggelassen. Und niemand mußte bis zum Schluß lesen, wenn er nicht wollte.

Bemerkungen zum Gebet

Leute, die Ski laufen — so nehme ich an —, sind Leute, die das gern tun, die sich das leisten können und das gut können. Vor kurzem stellte ich fest, daß ich das Gebet oft behandle, als sei es ein Sport wie Skilaufen — man tut es, wenn man es gern macht, man tut es als Freizeitbeschäftigung, man tut es, wenn man sich die Mühe leisten kann, man tut es, wenn man gut darin ist. Andernfalls kommt man meistens auch so aus. Wenn man in der Tinte sitzt, versucht man es wieder und wendet sich dann an einen Experten.

Doch Gebet ist kein Sport. Es ist Arbeit. Sobald ich das gesagt habe, gerate ich in Schwierigkeiten, da so viele Sportarten einen berufsmäßigen Charakter angenommen haben und daher kaum mehr von Arbeit zu unterscheiden sind. Ich könnte sagen, daß Arbeit etwas ist, wofür man sich entschließen, wofür man Zeit opfern und an das man mit Energie, Begabung und Konzentration herangehen muß. Aber all das könnte man auch von dem großen Geschäft sagen, zu dem der Sport geworden ist. Es herrscht ein erbarmungsloser Konkurrenzkampf. Die Ausrüstung entspricht dem neuesten Stand der Technik und ist teuer. Die Löhne sind unsinnig hoch.

Aber Gebet ist kein Spiel. Selbst wenn man zu einem »Team« gehört, das heißt, wenn man gemeinsam mit anderen betet, wird man nicht von Zuschauern angespornt oder bekommt Anweisungen von Fachleuten. Man bekommt keine Pokale — zumindest nicht auf dieser Erde. Es ist unwahrscheinlich, daß man überhaupt etwas dafür bekommt. Für manche Leute fällt Gebet vielleicht in die Kategorie »Spaß«, doch ist das in der Regel nicht der Grund, warum wir beten. Es ist eine Sache der Notwendigkeit und der Verantwortung.

Gebet ist Arbeit, weil sich ein Christ ohne es einfach nicht »ernähren« kann. Er kann überhaupt nicht als Christ leben, wenn er nicht betet.

Gebet ist das Gegenteil von Muße. Es ist etwas, wofür man sich engagieren muß, und nicht etwas, was man genießt. Es ist eine

Aufgabe, der man den ersten Stellenwert einräumt, die man nicht dann tut, wenn man zu allem anderen zu müde ist. »Bete, wenn dir danach zumute ist«, hat einmal jemand gesagt. »Wenn dir nicht nach Beten zumute ist, dann bete, bis dir danach zumute ist.«

Können wir, wenn wir nur dann beten, wenn es uns paßt, wahre Jünger sein? Jesus sagte: »Wenn mir jemand nachfolgen will, muß er seine eigenen Wünsche und seine eigene Bequemlichkeit ablegen« (Luk. 9,23; freie Übersetzung).

Der Apostel Paulus benutzte ein Bild aus dem Sport, um das Gebet zu beschreiben. Er sagt, wir »ringen« (Kol. 4,12). Das Ringen des Christen im Gebet, das heißt unser Kampf, »richtet sich nicht wider Fleisch und Blut, sondern wider die Herrschaften, wider die Gewalten, wider die Weltbeherrscher dieser Finsternis, wider die geistlichen Mächte der Bosheit in den himmlischen Regionen« (Eph. 6,12; Schlachter).

Wir bedenken selten das Wesen unseres Gegners, und das ist zu seinem Vorteil. Wenn wir ihn jedoch so erkennen, wie er ist, dann merken wir, warum Beten nie leicht ist. Es ist die Waffe, die die »geistlichen Mächte der Bosheit« am meisten fürchten, und wenn sie uns dahin bringen können, diese Waffe so lässig zu behandeln wie ein Paar Ski oder einen Tennisschläger, können sie ihre Stellung behaupten.

Wenn wir uns fragen, ob Gebet Arbeit ist, fragt vielleicht jemand, ob Gebet auch etwas bewirkt. Diese Frage geht davon aus, daß die Ergebnisse meßbar sein müssen. Das Problem ist aber, daß sie keineswegs immer meßbar oder berechenbar sind, weil der Eine, an den wir unsere Gebete richten, unendlich und unfaßbar ist. »Und alles, was man in bezug auf ihn erfassen kann«, schrieb Johannes von Damaskus, »ist seine Unendlichkeit und Unfaßbarkeit.« »Seine Gedanken sind soviel höher als unsere Gedanken, wie der Himmel höher ist als die Erde« (Jes. 55,8—9).

Und er ist Liebe. Die unendliche Liebe wird nie einen Stein geben, wenn man um Brot bittet, oder einen Skorpion für ein Ei (Matth. 7,9; Luk. 11,12). Aber was wird die unendliche Liebe geben, wenn wir um einen Skorpion bitten?

Das Gebet wird in der Bibel mit Räucherwerk verglichen. »Mein Gebet möge vor dir gelten als ein Rauchopfer«, schrieb der Psalmist (Ps. 141,2), und dem Engel, der in Offenbarung 8 mit dem goldenen Räuchergefäß an den Altar trat, wurde Räucherwerk gegeben, um es zu den Gebeten der Heiligen zu tun. Räucherwerk war sehr teuer, es wurde nach einem genauen Rezept von einem Duftmischer zusammengestellt. Es scheint keinem speziell nützlichen Zweck zu dienen. Sein Rauch und sein Duft verschwinden schnell. Könnte man nicht auf Räucherwerk verzichten?

Gebet ist wie Räucherwerk. Es kostet sehr viel. Es scheint nicht viel zu bewirken (nach der Einschätzung von uns Sterblichen). Es verschwindet schnell. Aber Gott liebt den Geruch. Es war Gottes Idee, die Stiftshütte so einzurichten, daß es dort einen besonderen Rauchopferaltar gab. Wir können ziemlich sicher sein, daß sein Plan für die Stiftshütte alles enthielt, was nötig war, und nichts, was nicht nötig war.

Christus betete. Er dankte. Er trat im Gebet für andere ein. Er brachte Bitten vor. Daß es der Sohn — ebenbürtig, ewig, wesensgleich mit dem Vater — nötig hatte, im Gebet zum Vater zu kommen, ist ein Geheimnis. Daß wir, Gottes Kinder, nicht nur auch kommen dürfen, sondern kommen sollen, ist ein Geheimnis. Wie können wir den Gang der Dinge durch Gebet ändern? Wie können wir einen souveränen und allmächtigen Gott »bewegen«? Das verstehen wir nicht. Wir gehorchen einfach, weil es ein Naturgesetz ist, genauso, wie wir anderen Naturgesetzen gehorchen, weil wir wissen, daß die Dinge so eingerichtet wurden: Das Buch gehorcht dem Gesetz der Schwerkraft und fällt zu Boden, wenn ich es loslasse. Geistliche Kraft wird durch Gebet freigesetzt.

Ich könnte sagen: »Gott kann meine Hände saubermachen, wenn er will.« Ich könnte sie mir aber auch selber waschen. Es ist sehr wahrscheinlich, daß Gott meine Hände nicht saubermachen wird. Das ist eine Arbeit, die er mir überläßt. Er tut seiner Allmacht dadurch keinen Abbruch, daß er meine Beteiligung miteinbezieht — sei es nun das Waschen von Händen mit Seife oder die Gebetshilfe für einen Freund. Christus erlöste die Welt, indem er als vollkommenes Opfer für alle Zeiten sein Leben hingab. Dennoch ist er, wie David Redding sagt, noch mit »Wartung und Reparieren« tätig. Er läßt uns dadurch an seinem Werk teilhaben, daß wir auch unser Leben hingeben.

Eine Möglichkeit, unser Leben hinzugeben, ist, für jemanden zu beten. Demzufolge sage ich im Gebet: »Mein Leben für deines.« Meine Zeit, meine Energie, mein Denken, mein Interesse, meine Konzentration, mein Glaube — hier sind sie, für dich. So geschieht es, daß ich am Werk Christi teilhabe. So geschieht es, daß keine Glaubenstat, keine Liebesmühe, auch nicht das kleinste Gebet je verloren sind, sondern wie der Rauch aus dem Räuchergefäß am goldenen Altar aus der Hand des Engels vor Gott aufsteigen.

Material für den Opferdienst

Es dauerte eine ganze Weile, bis ich an jenem Tag der vergangenen Woche mein Frühstück ausgepackt hatte. Ich war mit dem Flugzeug irgendwohin unterwegs. An das Reiseziel kann ich mich nicht mehr erinnern, da die letzten zwei Monate in meinem Gedächtnis ein einziges Durcheinander sind — mich anmelden bei verschiedenen Fluggesellschaften — TWA, American, Eastern, Delta —, meine Tasche und meinen Aktenkoffer auf die mit Teppich bezogene Ablage fallen lassen, von der aus sie durch die Durchleuchtungsanlage transportiert werden; in Abflugswarteräumen die »New Yorker« lesen — Atlanta, Cincinnati, San Francisco, Florence, Grand Rapids; Sicherheitsgurte anschnallen; Tee und Eiswasser und (bei Allegheny Airlines) Apfelsaft trinken.

Das bringt mich wieder zurück zu jenem Frühstück, das Reiseziel lassen wir einmal beiseite. Ich mußte also mein Frühstück auspacken. Besteck und Serviette waren in eine unbezwingbare Plastiktüte eingeschweißt. Das Omelett war in Goldfolie verpackt, das Brötchen steckte in einer Plastiktüte, die hartnäckig festklebte. Die Butter wurde von einer quadratischen Form geschützt, die fast so hart wie Plexiglas war, der Orangensaft war mit einer nach oben gewölbten Folie verschlossen, aus der, als ich sie durchstach, ein Saftstrahl in eine völlig unberechenbare Richtung spritzte, und der Früchtebecher war fest in Klarsichtfolie verpackt, deren Ecken und Enden so geschickt versteckt waren, daß es schon mehr als problematisch war.

Endlich lag das Essen jedoch offen vor meinem Hunger und mir da, und ich verspeiste es dankbar. Zum einen war ich dankbar, weil ich den Kampf gegen die Verpackung gewonnen hatte, zum andern war ich aber auch aufrichtig dankbar für den Luxus des modernen amerikanischen Lebens — die Fluggeschwindigkeit, die Bequemlichkeit des Sitzes (ein Flugzeugplatz zweiter Klasse ist unendlich viel bequemer als die beiden rechtwinklig befestigten Bretter, aus denen ein Sitzplatz »erster Klasse« auf einem ecuadorianischen Bananenlastwagen besteht, und auf denen habe ich meine Stunden abgesessen), die Temperatur in der Kabine, während es draußen vielleicht um fünfzig Grad unter Null ist, die Sauberkeit, die Ruhe, die Sicherheit.

All diese Dinge, mag ein Zyniker jetzt sagen, sind relativ. Die Concorde fliegt viel schneller als eine DC-10, ein Platz in der ersten Klasse ist viel geräumiger als einer in der zweiten Klasse, in Flugzeugen ist es manchmal kühl oder stickig, gelegentlich findet man Krümel auf seinem Tablett-Tischchen, und es kann einem passieren, daß man neben einen Geschäftsmann gesetzt wird, der gerade eines jener Mittagessen mit drei Martini hinter sich hat, oder neben eine gesprächige Großmutter, die einem die neuesten Farbbilder von dem Persönchen zeigen will, das sie gerade besucht hat. Und — nicht zu vergessen — Flugzeuge stürzen ab. So spricht der Zyniker.

Es ist aber auch immer möglich, für das Gegebene dankbar zu sein, anstatt sich nur über das nicht Gegebene zu beklagen. Das eine oder das andere wird zur Lebensgewohnheit. Natürlich gibt es auch Klagen, die berechtigt sind — wie zum Beispiel, wenn man eine Dienstleistung, für die man bezahlt hat, nicht erhält —, aber die Gaben Gottes fallen in eine völlig andere Kategorie. Undankbarkeit gegen ihn läuft auf (wir wollen dies nicht mit schönen Worten verschleiern) Rebellion hinaus.

Viele Frauen haben mir gesagt, daß ihnen der Rat meines Mannes, den ich einmal in einem Buch zitierte, die Augen geöffnet habe. Er sagte, daß eine Frau, wenn sie großzügig ist, ihrem Mann zugesteht, daß er bis zu achtzig Prozent ihren Erwartungen entspricht. Da sind immer die restlichen zwanzig Prozent, die sie gerne ändern würde, und sie feilt vielleicht ihr ganzes Eheleben über daran herum, ohne sie viel zu verringern. Sie kann sich aber andererseits entschließen, sich über die achtzig Prozent zu freuen, und beide werden glücklich sein. Das ist eine praktische Veranschaulichung eines Prinzips: Akzeptiere freudig und bewußt das Gegebene. Laß Danken deine Lebensgewohnheit sein.

Ein solches Annehmen ist nicht möglich ohne einen tiefen, beständigen Glauben an die souveräne Liebe Gottes. Entweder hat er die Macht, oder er hat sie nicht. Entweder liebt er uns, oder er liebt uns nicht. Wenn er die Macht hat und uns liebt, dann unterliegt alles Gegebene seiner Kontrolle und soll letztlich zu unserer Freude dienen.

Heute morgen ritt ich durch den süßen Duft spätherbstlicher, taufrischer Wälder und Wiesen. Die neuenglische Landschaft glich einem Wandbehang von sanft gedämpften Farben, die am Verblassen sind. Ein paar Äpfel hingen noch an den Ästen knorriger Bäume. Die noch nicht abgefallenen Eichenblätter waren goldene Banner, und die Blätter an den Heidelbeersträuchern waren noch blutrot. Die Pferde gingen im Schritt, die Sättel knarrten, ein paar fröhliche Hunde, die aus dem Nichts aufgetaucht waren, schlossen sich uns an und sprangen um die Pferde herum, während wir durch die Wiese ritten. Danke, danke, danke war der Rhythmus der ganzen Welt. Es war alles Schönheit, alles dem Willen Gottes untertan, alles zur Freude gemacht.

Aber ich mußte auch wieder zurück zu meiner Schreibmaschine und wieder daran denken, daß es jene gibt, für die das Heute eine Last und ein Schrecken ist. Ich hatte mir vorgenommen, über Leiden zu schreiben, weil ich darüber am Sonntag zu einer Gruppe von Studenten gesprochen hatte, als wir nach dem Essen bei mir im Wohnzimmer saßen.

»Wie können wir uns darauf vorbereiten, zu leiden?« hatten sie gefragt, und während ich sprach, sagte einer von ihnen: »Schreiben Sie das für uns auf? Schreiben Sie einen Artikel darüber?« Und ich dachte: Ja, vielleicht werde ich das tun. Ich hatte in den vergangenen zwei Wochen viel über Leiden nachgedacht, weil ich anscheinend in dem Leben der Menschen, die ich damals traf, mehr davon in vielfältigerer Weise begegnete als in irgendeinem anderen kurzen Abschnitt meines Lebens: einem Ehepaar, dessen einziger Sohn an Knochenkrebs gestorben war; einer Frau, die mir mit Tränen auf den Wangen sagte: »Ich verliere meinen Mann — aber anders, als Sie den Ihrigen verloren haben. Aber es ist schon in Ordnung.« Dann gab es eine Frau mit einer grotesk entstellenden Krankheit, die sie schon über zwanzig Jahre plagte, sowie ein Ehepaar, dessen zweijähriger Sohn an einer Mandel erstickte.

Eine Frau, deren Sohn vor sechs Wochen bei einem Motorradunfall ums Leben gekommen war, sagte: »Und ob ich wütend auf Gott bin? Oh, Gott, ich bin wütend!« Dann traf ich eine Witwe, die mit Schulden in Millionenhöhe zurückgelassen worden war. Und heute abend, nur wenige Stunden nach jenem wunderschönen Ritt durch die Wälder, hörte ich einem Vater zu, der von den entsetzlichen Dingen erzählte, die seine Kinder getan haben und tun. Seine Stimme versagte, seine Hände suchten nach irgend etwas, um ihr Zittern zu verbergen, während er sprach.

In den Tagen des Cyrus, als der Tempel in Jerusalem wieder aufgebaut wurde, verfügte er, daß alles, was für den Opferdienst nötig war — Stiere, Widder oder Lämmer zum Brandopfer für den Gott des Himmels, Weizen, Salz, Wein und Öl »täglich« und »ohne Verzug« — bereitgestellt werden sollte (Esra 6,9). Ist es nicht vernünftig zu glauben, daß derselbe Gott, der Gott des Himmels, dem aller Dank gebührt, auch für uns heute das Material für den Opferdienst bereitstellen wird? »Alle Dinge kommen von dir, o Herr«, singen wir, »und von dem Deinen geben wir dir.«

Manchmal sind die Dinge, die er uns bereitstellt, schön. Es sind Dinge, für die wir sofort von ganzem Herzen danken. Die Pracht der Eichen heute war so etwas. Und manchmal sind es Dinge, die uns das Herz brechen — keine Gaben in dem Sinne, daß der allmächtige Gott das Böse und das Leiden in der Welt anordnet (wir wissen nur, daß er es zuließ, wir wissen nicht, warum) —, sondern Gaben, in denen er uns sich selbst gibt — seine Gegenwart, seine nie versagende Liebe mitten in unserem Schmerz. Wir dürfen ihm gerade diese Schmerzen darbringen, diese unverständlichen Katastrophen, die uns zum Schweigen bringen. Wir dürfen ihm sogar unsere zerbrochenen Herzen bringen, denn uns wird gesagt: »Die Gott wohlgefälligen Opfer sind ein zerbrochener Geist und ein zerbrochenes und zerschlagenes Herz« (Ps. 51,19). Alles — die Freude und der Schmerz — ist Material für den Opferdienst, das »täglich« und »ohne Verzug« bereitgestellt wird. Für einen, der die Danksagung zu seiner Lebensgewohnheit gemacht hat, wird das Morgengebet lauten: »Herr, was wirst du mir heute geben, das ich dir wiedergeben kann?«

Ein Konvent, ein Wintersturm und eine Hochzeit

Es ist ein dunkler Wintermorgen. Die Schierlingstannen vor meinem Fenster werden von der Schneelast nach unten gedrückt, und die Auffahrt ist schneebedeckt. Gerade habe ich Herrn Tognazzi angerufen, um noch einmal zu fragen, ob mein Name auf seiner Liste steht, damit der Schnee geräumt wird. Gestern habe ich dreimal geschippt, bin aber nur so weit gekommen, daß der Plattenweg und die Treppe frei waren, und heute morgen konnte man kaum noch sehen, daß ich überhaupt etwas getan hatte.

Aber ich bin gern von Schnee eingeschlossen. Dann kehren Ruhe und ein bedächtigerer Lebensrhythmus ein. Die Autos auf der Straße hinter den Schierlingstannen bewegen sich ruhiger und langsamer vorwärts. MacDuff, mein Scotchterrier, beschränkt sich auf ein paar Trampelpfade, die er hinter dem Haus gemacht hat, und sitzt oft regungslos in einer Schneemulde und läßt sein zottiges schwarzes Fell samt Bart von den herabfallenden Schneeflocken überziehen.

Dieser Wintermorgen ist ein Zeitraum des Friedens zwischen zwei viel Aufmerksamkeit auf sich ziehenden Ereignissen. Eines fand vor einigen Wochen in Houston statt. Auf der einen Seite der Stadt wurde der Konvent zum Internationalen Jahr der Frau abgehalten. Leute wie Bella Abzug, Betty Friedan, Gloria Steinem und Margaret Mead waren anwesend, zusammen mit Tausenden (die Berichte reichen von acht- bis achtzehntausend) anderer Menschen, darunter einige Delegierte, die auf den früher auf Staatsebene abgehaltenen Konventen des IWY* gewählt worden waren.

Auch Betty Ford, Rosalyn Carter und Lady Bird Johnson waren da — aber können sie wirklich ganz und gar verstanden haben, worum es bei dem Konvent ging? Haben sie das Kleingedruckte in dem Antrag auf Verfassungsänderung gelesen? Der Konvent verlangt die Verabschiedung des Equal Rights Amend-

---

* International Women's Year, deutsch: Internationales Jahr der Frau.

ment* für die Rechte von Lesbierinnen (wozu das Recht für homosexuelle Paare, zu heiraten und/oder Kinder zu adoptieren, gehören würde), für staatlich finanzierte Abtreibung und ähnliche Dinge.

Auf der anderen Seite der Stadt füllten fünfzehntausend Leute die Astro-Arena, die eigentlich nicht für so große Menschenmengen gebaut war, und mehrere tausend mußten abgewiesen werden. Sie hatten sich dort zu einer Pro-Familien-Konferenz zusammengefunden, einem friedlichen Versuch, die Öffentlichkeit darauf aufmerksam zu machen, daß der Konvent in Wirklichkeit nicht repräsentativ für alle amerikanischen Frauen steht. Bellas Gesellschaft hatte das Recht, sich zu äußern, aber nicht das Recht, für uns alle zu sprechen.

Ich war eine von vielen Rednerinnen und Rednern an der Pro-Familien-Konferenz, und man gab mir acht Minuten Zeit, über das Thema »Frau in christlicher Sicht« zu sprechen.

Phyllis Schlafly vom Eagle Forum, das zum Ziel hat, die ERA** aufzuhalten, sprach und dankte denen, die die Konferenz organisiert hatten, vor allem auch ihrem Mann Fred dafür, daß er sie herkommen *ließ* (das kursiv Gedruckte stammt von ihr). Weiterhin erklärte sie, warum die ERA weder nötig noch wünschenswert sei. Zum Beispiel seien alle Gesetze, die nötig waren, um den Frauen gleiche Rechte am Arbeitsplatz und gleiche Bezahlung zu gewähren, bereits verabschiedet worden; die ERA werde die Rechte der Frau verletzen, die sie vor dem Militärdienst schützen und ihre Stellung als Ehefrau und Mutter stärken.

Der Abgeordnete Clay Smothers rief zur »Trennung« von Halsstarrigen und Eigenbrötlern in unserem Schulwesen auf. Dr. Mildred Jefferson, die erste Schwarze, die die Harvard Medical School absolvierte, sprach redegewandt gegen Abtreibung. Spruchbänder trugen Aufschriften wie »Lesbierinnen — ihr stellt keine Frauen dar«, »ERA ist eine Pleite«, »Familienrechte sind Frauenrechte«, und ein Vater hatte ein Kleinkind auf dem Arm, das ein Schild mit der Aufschrift »Ich war einmal ein Fötus« hochhielt. Eine Musikgruppe spielte, eine Gruppe von rot-, weiß- und blaugekleideten Mädchen, die große, schwarze Bi-

---
* Verfassungsänderndes Gesetz bezüglich der Gleichberechtigung; Anm. d. Übers.
** ERA = Equal Rights Amendment s.o.; Anm. d. Übers.

beln bei sich hatten, sang, und ein Solist in grellgelbem Anzug mit rotem Hemd sang: »Wenn du betest, bete um ein Wunder.« Ein anderer Solist sang mit der ganzen Menschenmasse »Gott segne Amerika«.

Das war meine erste Konferenz mit politischem Charakter, und es überraschte mich, die Bibel wie eine Fahne geschwenkt zu sehen und Zwischenrufe wie »Preist den Herrn!« zu hören. Das rührte mich beinahe zu Tränen. Wohin bewegt sich unser Land, wenn der Gedanke der »Gleichberechtigung« die Einführung homosexueller Literatur an öffentlichen Schulen bedeuten kann? »Um es den Kindern zu ermöglichen, frei zu entscheiden, welche Form der sexuellen Beziehung sie vorziehen«, heißt es.

Jemand von den Anhängern der ERA bezeichnete es als »Schlag unter die Gürtellinie«, als die Pro-Familien-Gruppe eine Anzeige herausbrachte mit dem Titel: »Mami, wenn ich groß bin, kann ich dann Lesbierin werden?« Das ist jedoch ein realistisches und ernüchterndes Beispiel dafür, was in der Welt geschehen könnte, die die Leute vom IWY schaffen wollen: ein finsteres Ödland, eine schreckliche Anarchie, in der die von Gott gegebenen Unterschiede durcheinandergebracht oder gar ins Gegenteil verwandelt werden.

Als ich an jenem Abend wieder in meinem Hotelzimmer war, schaute ich mir einige Fernsehberichte an. Die Berichterstattung über den Konvent umfaßte Stunden, die nur hier und da von ein oder zwei Minuten über die Pro-Familien-Konferenz unterbrochen wurden. Das Fernsehpublikum konnte daraus nur schließen, daß die Pro-Familien-Konferenz nur eine Randgruppe von Andersdenkenden war, die zahlenmäßig von der angeblich repräsentativen Gruppe am Konvent weit übertroffen wurde.

Wie Präsident Carter und die Gesetzesmacher der Nation das beurteilen werden, was in Houston geschah, bleibt abzuwarten. Viele Tausende von amerikanischen Frauen beten dafür, daß das Equal Rights Amendment nicht durchkommt und die Unterschiede zwischen den Geschlechtern gesetzlich bewahrt bleiben, die für die Religionsfreiheit, die Freiheit, christliche Familien zu gründen, und die Freiheit, unter Gottes Führung ganz Mann und ganz Frau sein zu können, so wichtig sind.

Aus dem Schnee ist mittlerweile Eisregen geworden, und die Bäume biegen sich unter der Last des Eises, das sich an ihren

Zweigen bildet. Jedes Ästchen ist mit Eis überzogen; jedes immergrüne Blatt ist aus Kristall geschnitzt. Ich hoffe, daß mein rosa Hartriegel und meine beiden armen Pfirsichbäume, die bei den Stürmen des letzten Jahres so gelitten haben, dies überstehen. Das ist eine geringe Hoffnung und eine geringfügige Angst, verglichen mit meinen Hoffnungen und Ängsten um unser geliebtes Land, doch ich bringe beides vor ihn, der allein etwas in bezug auf das Wetter und die menschliche Natur tun kann. Der 147. Psalm ist ein Loblied: »Er gibt Schnee wie Wolle, er streut Reif wie Asche; er wirft Eis wie Brocken; er sendet sein Wort, so zerschmelzen sie. Halleluja!«

Eis, Reif, Schnee, die Erde, ihre Gebiete, ihre Städte, die Wunden und gebrochenen Herzen seiner Menschen, all das untersteht seinem Befehl, dem Einfluß seines Wortes. Er, der heilt und verbindet, der Frieden bringt und seinen Befehl ausschickt, der Eis wie Brocken wirft und dann spricht, daß sie schmelzen — er hält das Heft noch in der Hand.

Er ist auch der Herr über das andere Ereignis, das meine Aufmerksamkeit nun mit größerer Dringlichkeit in Anspruch nimmt als die Ereignisse von Houston. Es ist eine Hochzeit. Meine Hochzeit. Heute in einer Woche werde ich in einer kleinen gotischen Kapelle mit ein paar Freunden und Angehörigen in den, wie das Gebetbuch von 1662 sagt, »heiligen Stand der Ehe treten, der uns die geheimnisvolle Einheit kundtut, die zwischen Christus und seiner Kirche besteht.« »Keiner gehe sie unbesonnen, leichtfertig oder mit unlauteren Absichten ein, sondern ehrfürchtig, umsichtig, besonnen, nüchtern und in der Furcht Gottes.«

Und, darf ich hinzufügen, mit unaussprechlichem Dank. Denn für mich ist es das dritte Mal — für mich, die ich so sicher war, ich sei für nur einen geschaffen; für mich, die es selbst beim erstenmal für ein Wunder hielt, daß überhaupt ein Mann sie haben wollte. Aber Gott, dessen Ratschluß unergründlich ist, gab zwei und nahm zwei durch den Tod, so daß die Tatsache, daß er einen dritten gibt, alles Denken überschreitet.

Ich werde diese Gelübde auf jeden Fall besonnen und nüchtern ablegen: »Ihm gehorchen, ihm dienen, ihn lieben, ihn ehren und ihn erhalten in Krankheit und Gesundheit; und alle anderen verlassen und mich nur zu ihm halten, solange wir beide leben.« Selbst beim dritten Mal ist es noch aufregend; und weil es das dritte Mal ist, gehe ich mit noch tieferem feierlichen Ernst darauf zu.

Ich weiß, warum Gelübde und nicht schöne Gefühle erforderlich sind. G.K. Chesterton sagte, Gelübde seien »ein Joch, das sich alle Liebenden selbst auferlegen«. »Es entspricht dem Wesen der Liebe, sich zu binden, und die Einrichtung der Ehe bestätige lediglich den durchschnittlichen Menschen, indem sie ihn beim Wort nimmt.

Die Weisen der modernen Zeit« (Chesterton schrieb dies vor mehr als siebzig Jahren) »bieten dem Liebenden mit einem hämischen Grinsen die größten Freiheiten und die vollste Verantwortungslosigkeit an; aber sie achten ihn nicht, wie ihn die alte Kirche geachtet hat; sie schreiben seinen Eid nicht als Zeugnis seines höchsten Augenblicks in den Himmel. Sie geben ihm jede Freiheit — außer der Freiheit, seine Freiheit zu verkaufen, und diese ist die einzige, die er will...

Es wird nicht gelingen. Es gibt zweifellos ergreifende Augenblicke für den Zuschauer, den Bewunderer, den Schöngeist; es gibt jedoch ein Ergriffensein, das nur der Soldat, der für seine eigene Fahne kämpft, der Asket, der zu seiner eigenen Erleuchtung hungert, und der Liebende, der schließlich seine eigene Wahl trifft, kennt. Und das ist diese umgestaltende Selbstbeherrschung, die das Gelübde zu einer wahrhaft vernünftigen Sache macht.«

Liebe kostet ihren Preis

Es ist früh am Morgen. Ich liege wie immer in einem französischen Bette, und wie immer wache ich auf und danke für den Schlaf und die Bewahrung in der Nacht, für Gesundheit und Wärme und Nahrung und Freunde, für die anstehende Arbeit und die Kraft, sie zu tun. Es liegt wie zuvor eine Schicht des Schweigens über dem weit entfernten Verkehrslärm.

Da sind auch noch andere Geräusche, die überhaupt nicht wie immer sind — anstelle des lauten energischen Gebells von MacDuff höre ich das dumpfe und traurige Heulen von Johnny Reb, einem kleinen Spürhund, der den Nachbarn nebenan gehört. Das Müllauto schiebt sich draußen vor meinem Fenster den Hügel hinauf (denn dieses Haus liegt auf einem Hügel). Und da ist auch das Geräusch von jemandem, der atmet — neben mir.

Herr, Vater der Geister, Liebender der Seelen, mein Licht und meine Burg, danke! Danke für den größten irdischen Segen, die Ehe.

Mein Gebet geht noch weiter zum Dank und zur Fürbitte, daß ich die Frau sein möge, die ich sein soll, und daß wir gemeinsam den Willen des Vaters tun mögen.

Während ich später in der Küche das Frühstück mache, denke ich über dieses Verpflanztwerden nach. Wir haben ein schönes kleines Backsteinhaus in einer sehr ruhigen Straße mit Blick auf Atlanta von meinen Küchenfenstern aus.

Heiraten bedeutet in der Regel Verpflanztwerden. Es bedeutet immer, daß man die Herrschaft aus der Hand gibt. Unser Herr hat Humor, und er hat mir in den letzten paar Jahren zugehört, wie ich herumzog und über die Ehe sprach, »auspackte«, wie sich eine Frau gegenüber einem Mann verhalten soll. Er hat bestimmt auch mein Buch »Let Me Be a Woman«[*] »gelesen«. Er weiß auch, daß ich jedes Wort davon glaube, vor allem, daß es Gottes Wahrheit ist, die ich aussprach.

»Gut«, sagte er, »versuch es noch einmal.«

---

[*] Deutsch: Laß mich eine Frau sein; Anm. d. Übers.

Viereinhalb Jahre nach dem Tod des zweiten gab er mir einen dritten Mann, und er sagte: »Glaubst du wirklich all die Dinge, die du gesagt und geschrieben hast? Probier es noch einmal, damit du ganz sicher bist.«

Liebe bedeutet Selbstaufgabe. Selbstaufgabe bedeutet Opfer. Opfer bedeutet Tod. Das sind einige der Dinge, die ich gesagt habe. Ich habe sie dem einzigen Buch entnommen, das ganz und gar und eine ewig verläßliche Quelle ist. Die Prinzipien von Gewinn durch Verlust, von Freude durch Schmerz, von Bekommen durch Geben, von Erfüllung durch Abgeben, von Leben aus dem Tod sind das, was dieses Buch lehrt, und die Leute, die genug daran glauben, um es in einfacher, demütiger, täglicher Übung in die Tat umzusetzen, sind Leute, die den Gewinn, die Freude, die Erfüllung, das Leben gefunden haben. Das glaube ich wirklich.

»Herr«, bete ich, »hilf mir, das in die Tat umzusetzen!«

»Gut«, sagt er zu mir, »hier ist deine Chance.«

In Georgia. Georgia, wo ich diejenige mit dem Akzent bin. Man nennt mich »Lizbeth«. Wenn man Kinder zur Schule oder Freunde zum Flughafen bringt, sagt man »to carry« anstatt »to take«. Zum Fotografieren sagt man »to make pictures«, nicht »to take pictures«. Man trinkt Co-Cola, zur Tankstelle sagt man »fillin' station«, und die Worte »spin« und »hill« werden jeweils als zwei langgezogene Silben gesprochen.

Manchmal können wir merkwürdige Zusammenhänge feststellen, wie Gott im Leben der Menschen seinen Plan durchführt. Eines der letzten Dinge, die Add Leitch zu mir sagte, war, daß er Krankenhausseelsorger werden wollte, wenn Gott seine Gesundheit noch einmal wiederherstellen würde. Mein neuer Ehemann ist Krankenhausseelsorger.

Er nahm mich mit nach Milledgeville, um die Frauen auf der Altenstation zu besuchen.

»Wie geht's denn, Miz Jackson?«

»Zum Aushalten, zum Aushalten, Pastor. Kommen Sie her, ich will für Sie beten.« Sie erhebt sich langsam und unter Schmerzen von ihrem Sessel, legt ihre Hände auf seine Schultern und spricht mit tiefer Inbrunst das ganze Vaterunser.

Eine Frau mit wunderschönem weißen Haar sitzt in einem Rollstuhl, an dem mehr als ein Dutzend Beutel und Taschen hängen. Sie zitiert aus Chaucers »Canterbury Tales«, redet gebildet von der Kathedrale von Canterbury, Heinrich VIII. und Cranmers Gebetbuch, wobei sie mir zuzwinkert, als wären wir beide in etwas eingeweiht, von dem Lars nichts weiß.

Wir frühstücken mit Herrn Smith, einem sehr netten Mann mit weißem Haar, gesunder Gesichtsfarbe und strahlend blauen Augen. Er trägt ein blaues Hemd und eine blaue Jacke. Er erzählt uns eine Geschichte, die die Worte des Ehegelübdes ganz klar herausstreicht — »in Krankheit und Gesundheit, in Glück und Unglück«. Seine Frau ist seit drei Jahren Patientin in Milledgeville.

»Am Anfang, als sie krank wurde, nahm ich sie überall mit hin. Wirklich. Der Arzt sagte: ›Es wird ihr jede Woche und jeden Monat schlechter gehen. Wenn Sie also noch irgendwelche Reise machen oder irgend etwas unternehmen wollen, dann tun Sie das jetzt.‹ Wir haben noch schöne Zeiten miteinander verbracht, ich und sie.

Aber der Arzt sagte: ›Das halten Sie nicht aus. Das können Sie nicht durchhalten.‹ — ›Gut‹, sagte ich, ›ich gebe nicht auf, solange ich noch kann.‹ Ich habe fünf Jahre lang für sie gesorgt, aber ich habe nur vom Sorgenmachen zweiundfünfzig Pfund abgenommen. Ich war so angespannt, daß sie drei Nadeln abgebrochen haben, als sie mir eine Spritze in den Arm geben wollten. Ich habe sie zu fünfundzwanzig Ärzten gebracht, aber sie konnten alle nichts machen. Es ist Gehirnverfall, haben sie mir gesagt. Ich habe alles für sie getan. Ich habe sie angezogen, sie gefüttert und alles, aber es hat mich fertiggemacht. Wenn es unseren guten Herrn nicht gäbe, hätte ich nie durchgehalten. Der Doktor sagte: ›Ich hätte darauf schwören können, daß Sie das kein halbes Jahr mitmachen würden.‹ Es haben aber auch viele Leute für mich gebetet. O ja. Zum Schluß mußte ich aber doch aufgeben und sie hierher bringen.

Sie kann überhaupt nichts mehr machen. Kann sich nicht bewegen, nicht mehr sprechen oder hören. Sie liegt da wie ein Kind im Mutterleib, Beine und Arme angezogen, Fersen fest nach hinten gedrückt. Man kann sie nicht mehr gerade hinlegen. Aber ich komme jeden zweiten Tag. Ich gehe hinein und küsse sie ein Dutzend Mal; ich liebe sie halt unheimlich. Ich rede mit ihr. Sie hört nichts, aber sie kennt mich, wenn ich sie berühre. Nun«, Herr Smith kam zum Ende seiner Geschichte, »ich arbeite hier für den Floristen. Als Freiwilliger, wissen Sie. Ich gehe durch die Stationen und gebe Blumen ab.«

Später besuchten wir Frau Smith. Wenn es einen Anblick gibt, der die Liebe eines Mannes zu einer Frau vernichten, der das stärkste menschliche Gefühl bis zum Zerbrechen strapazieren kann, dann hatten wir ihn hier in diesem nüchternen, weißen Gitterbett vor uns — ein zusammengekrümmtes Häufchen lahmgelegter Menschheit. Aber es gibt eine Liebe, die stärker ist als der Tod, eine Liebe, die selbst viel Wasser nicht zum Erlöschen bringen kann, die Fluten nicht ertränken können.

Nicht lange danach dachte ich über diese Art von Liebe nach, dachte voll Scham daran, denn ich hatte mich über eine Kleinigkeit aufgeregt. Es herrscht jetzt mildes Frühlingswetter in Georgia, eine großzügige Entschädigung für die Kälte im Januar, und die Vögel singen. Doch ich, die ich noch eine Sünderin bin, kann durch eine Kleinigkeit verärgert werden. Ich wandte mich wieder an die Bibel und schlug das dreizehnte Kapitel des ersten Korintherbriefes auf, wo eine eindeutige Beschreibung dessen gegeben wird, wie ich mich verhalten muß, wenn ich will, daß meine Gebete erhört werden (»Mach mich zu der Frau, die ich sein soll!«).

Was ich dort fand, war genau das Gegenteil von meinen eigenen Neigungen in diesem Fall, denn diesmal war ich ziemlich sicher, daß mein Mann im Unrecht war. Als ich meinen Namen für das Wort »Liebe« einsetzte und dazu jeweils das Gegenteil der beschriebenen Eigenschaft ergänzte, sah ich mich selbst im Spiegel, und die Wahrheit traf mich wie ein Schlag.

»E. verliert die Geduld, ist negativ eingestellt, besitzgierig, will Eindruck machen, hat aufgeblähte Vorstellungen von sich selbst, hat schlechte Manieren, strebt nach ihrem eigenen Vorteil, ist empfindlich, merkt sich das Böse...«

Ich konnte nicht weiterlesen. Das Gegenmittel gegen diesen Schrecken war Liebe — die Art, »deren Ausdauer keine Grenzen, deren Vertrauen kein Ende, deren Hoffnung kein Nachlassen kennt; sie kann alles überdauern und ist eigentlich das einzige, was noch steht, wenn alles andere gefallen ist«.

Gottes Wort ist Licht, und in seinem Licht sehen wir das Licht. Nun sah ich die Dinge wieder im richtigen Verhältnis; ich sah das, was mich geärgert hatte, als eine Kleinigkeit, als ein Nichts. Friede und Gleichgewicht waren wiederhergestellt — und das ohne ein klärendes Gespräch. »Dein Wort ward meine Speise, so

Kurt Heimbucher: *Ich will dich trösten* – wie einen seine Mutter tröstet. Für Zeiten des Leides und der Traurigkeit. 48 S., Geschenkband mit Farbfotos, DM 9,80 (Brunnen Verlag, Gießen). – Dieser Bildband will Menschen trösten, die in Leid und Traurigkeit sind, die aber bei ihrem Schmerz nicht stehenbleiben wollen. Deshalb sagt dieses Buch weit mehr als „herzliches Beileid".

---

24. 10. 87 Neuk. Kal.

Mit Tränen trösten

Erst im Sommer 1945 erfuhren wir, daß unser Vater in den letzten Kriegstagen gefallen war. Und wir hatten so fest gehofft, ihn wiederzusehen, und ihn täglich erwartet. Viele Freunde haben uns damals besucht, manchmal fast zu viele. Sie haben es alle gut mit uns gemeint. Sie haben unserer Mutter und uns Kindern gesagt, daß wir an Gott nicht verzweifeln sollten, denn er mache keine Fehler. Ich war damals dreizehn Jahre alt. Ich hätte gerne geglaubt, daß Gott es gut mit mir meint; aber ich konnte es nicht glauben. Denn ich habe in jener Zeit auch erlebt, daß Menschen durch solche „Schicksalsschläge" in ihrem Glauben nicht nur gestärkt wurden und reiften. Viele sind auch an Gott irre geworden. Damals hätte ich mir mehr Freunde gewünscht, die mich mit Tränen in den Augen getröstet hätten; Freunde, die einfach mit mir geschwiegen und geweint hätten. Manche haben es getan. Die haben mir geholfen, die Güte Gottes wieder zu entdecken. Einigen Vätern, die damals aus dem Krieg zurückkehrten, verdanke ich, daß ich unverkrampft „Vater im Himmel" sagen kann, obwohl ich vaterlos aufgewachsen bin.

Lied: Auf meinen lieben Gott ...   EKG 289   GL (441)

Westfälischer Friede 1648. – Julius Disselhoff,
Vorsteher der Kaiserswerther Anstalten * 1827.
Walter Freytag, Missionswissenschaftler † 1959.

SA 7.00 SU 17.12   MA 9.20 MU 17.29

Samstag/Oktober 24

Siehe, selig ist der Mensch, den Gott zurechtweist; darum widersetze dich der Zucht des Allmächtigen nicht.
Hiob 5, 17

Die Rede des Elifas war zwar gutgemeint; aber der leidende Hiob wurde nicht getröstet. Dabei ist das Wort des Freundes nicht falsch, aber es wurde zur falschen Zeit gesagt. Hätte Elifas doch lieber nur mit Hiob getrauert und geklagt, statt ihn unbedingt belehren zu wollen. Denn es gibt für glaubende Menschen Einsichten und Erkenntnisse, die erst im Rückblick gewonnen werden. Es gibt Erfahrungen, die nur an den Grenzen, nur in der Nacht gemacht werden können. – Daran will ich denken, wenn ich kranke, trauernde, verzweifelte Menschen besuche. Vielleicht können sie dann zuhören, wenn sie spüren, daß ich wirklich mit ihnen fühle. Vielleicht vertrauen sie wieder, wenn ich nicht zu schnell und von oben herab von der Treue Gottes rede. Vielleicht können sie an den Vater im Himmel eher glauben, wenn Brüder und Schwestern bei ihnen sind. – Es fällt leichter, sich der Zucht des Allmächtigen nicht zu widersetzen, wenn man die Hand eines Menschen spürt. Die Hand, nicht den Zeigefinger. Hiobs Freunde mußten das erst lernen.   G-W

Hiob 5, 17 – 27   5. Mose 30, 11 – 14

oft ich's empfing, und dein Wort ist meines Herzens Freude und Trost« (Jer. 15,16). »Deine Gebote sind mein Lied im Hause, in dem ich Fremdling bin« (Ps 119,54). Dank sei Gott für solche Lieder!

Worauf es ankommt

Als ich sie zum erstenmal sah, hatte sie mir den Rücken zugewandt und spülte Geschirr. Sie trug ein mit kleinem schwarzweißem Muster bedrucktes Kleid und eine Schürze. Sie hatte einen kleinen Buckel zwischen den Schultern und graue Haare, und ich konnte das Kabel für ihr Hörgerät sehen, das über ihre linke Schulter hing. Ich sagte etwas zu ihr, doch sie antwortete nicht.

»Sie ist taub«, sagte meine Schwester mit lauter Stimme. Ich dachte, das sei wohl etwas zu laut, und fragte (leise): »Du meinst, sie kann gar nichts hören?« — »Noch nicht einmal, wenn du schreist!« schrie Ginny.

Es stimmte. Frau Kershaw konnte nichts hören, auch nicht, wenn man schrie — es sei denn, man schrie in ihr kleines Mikrophon, das sie an ihrem Kleid befestigt hatte.

Ich berührte ihre Schulter, und sie wandte sich um und lächelte. »Oh, da ist sie ja!« sagte sie mit einer etwas matten, nasalen Stimme und einem leichten Lispeln. Sie hatte von der Tochter gehört, die auf dem College war. Ihr Begrüßungslächeln war das reinste Strahlen auf ihrem faltigen, lieben Gesicht.

Frau Kershaw war eine Witwe, die gekommen war, um meiner Mutter zu helfen. Sie war eigentlich buchstäblich ein Gottesgeschenk. Meine Mutter hatte im Lauf der Jahre eine ganze Reihe von »Hilfen« gehabt, die in der Regel eher hinderlich als behilflich waren. Eine empfing sie, als sie von einer Einkaufsfahrt zurückkam, an der Tür mit den Worten: »Oh, Frau Howard, ich habe eine Überraschung für Sie!« Mutters Mut sank. Das Mädchen hatte den Nachmittag, anstatt die ihr aufgetragene Arbeit zu verrichten, damit verbracht, ihr Zimmer — alles, was aus Holz war, und die Möbel — mit einem glänzenden Schokoladenbraun anzumalen.

Gott mußte gesehen haben, daß Mutter ihren Teil in Geduld und Bescheidenheit gelernt hatte und nun schließlich eine seiner Heiligen verdient hatte, eine Frau ganz ohne Falsch, Ehrgeiz, Empfindlichkeit oder Egoismus irgendeiner Art. Die gute Frau Kershaw! Wenn wir uns zu einem Familientreffen zusammenfinden, sprechen wir immer von ihr. Wir erinnern uns daran, wie ...

Sie wohnte ein paar Meilen von uns entfernt allein in einem großen alten Holzhaus. Einer von uns holte sie jeden Morgen mit dem Auto ab und fuhr sie abends wieder nach Hause. Meistens stand sie an der Tür und kam heraus, sobald der Wagen vorfuhr. Ab und zu gingen wir zur Tür. Dort hing dann ein Zettel: »Bin zu Hause. Bitte eintreten.« Sie konnte natürlich weder Klopfen noch Klingeln, auch nicht das Telefon, hören. Wenn man zu ihr wollte, mußte man hineingehen und sie suchen. Sie hatte nie Angst, daß eine schlechte Person hineinkommen würde.

Wenn sie ins Auto stieg, sagte sie, was für ein schöner Tag es sei. Schien die Sonne, dann sagte sie: »Die Leute können raus, im Garten arbeiten. So können sie mal tun, was sie wollen.«

Eines Tages saßen wir am Mittagstisch in der Küche, als ein Maler draußen vor dem Fenster herumkletterte. »Ist der aber windig!« bemerkte sie; sie meinte wendig.

Eines Abends sprachen wir am Abendbrottisch (sie saß immer bei uns am Tisch) über biblische Namen. Fünf von uns sechs Kindern haben biblische Namen, und Frau Kershaw meinte, das sei eine gute Idee. Mein Vater hielt sie bei der Unterhaltung auf dem laufenden, indem er in das Mikrophon sprach, das sie ihm entgegenhielt. Sie lächelte und nickte. Am nächsten Abend sagte sie unvermittelt, während wir von etwas ganz anderem sprachen: »Harrison steht nicht in der Bibel. Ich habe nachgeschaut!« Die gute Seele! Ihr einziges Kind hieß Harrison, damals ein Mann mittleren Alters.

Nach dem Essen wurde immer aus der Bibel vorgelesen. Eines Abends sagte mein Vater, er werde aus 1. Thessalonicher vorlesen. »Das ist ein schönes Buch«, sagte Frau Kershaw. Niemand antwortete auf ihre Bemerkung — teils, weil wir zur Lesung still zu sein hatten, teils, weil wir ihr nicht leicht hätten antworten können — wir hätten zuerst um das Mikrophon bitten müssen.

Sie sah sich fragend in der Runde um; dann, in der Annahme, unser Schweigen bedeute Widerspruch, sagte sie: »Ich weiß nicht, ob es etwas taugt oder nicht, mir gefällt es auf jeden Fall.« Wir lächelten und nickten zustimmend, und sie lehnte sich mit einem zufriedenen Seufzer wieder auf ihrem Stuhl zurück.

Sie kümmerte sich oft um einen Mann, der in den Neunzigern war, und erzählte uns ab und zu von ihm. Er neigte dazu, etwas verschroben und unberechenbar zu sein, doch sie sagte: »Wenn sie alt werden, dann werden sie manchmal so. Hoffentlich bin ich nicht auch so, wenn ich alt werde.« Sie war Mitte siebzig, in ihrer Vorstellung aber noch längst nicht dabei, »alt« zu werden.

Sie saß oft stundenlang bei meiner Stiefgroßmutter, die bei uns wohnte und ihr Zimmer nicht mehr verlassen konnte. Oma war auch ziemlich taub, und so schwatzten die beiden drauflos, oft völlig aneinander vorbei, was ihnen aber nichts ausmachte. Frau Kershaw tat ihr Bestes, um eine sonst sehr trübsinnige Dame aufzuheitern, die nicht viel älter war als sie selbst.

Einmal hörte mein Vater, wie sie sich mit einer Belgierin unterhielt, die bei uns zu Besuch war und kein Englisch sprach. Die Antworten entsprachen überhaupt nicht den Fragen, doch mischte er sich nicht ein, bis er Frau Kershaw mehrmals wiederholen hörte: »Wie war doch Ihr Name?« Schließlich erriet die Belgierin, was sie wissen wollte, und antwortete: »Victorine.« — »Oh«, sagte Frau Kershaw, »Freda. Das ist aber ein schöner Name.« Daraufhin meinte mein Vater, es sei an der Zeit, helfend einzugreifen.

Frau Kershaw war keine besonders gute Köchin, aber sie konnte gut Apfelbrei und Kekse aus braunem Zucker machen. Schüsseln vom ersteren und Dutzende vom zweiten wurden so schnell verzehrt, daß sie kaum nachkam. Sie konnte das einfache Essen vom Land kochen — Fleisch, Kartoffeln und Gemüse —, und sie schaute uns gerne beim Essen zu.

Einer meiner Brüder verschmähte den Kohl auf seinem Teller. Sie bat ihn, das Gemüse doch zu essen. »Warum magst du denn keinen Kohl? Du magst doch Hähnchen, oder?« sagte sie. Oft belustigten uns ihre Bemerkungen derart, daß wir es nicht verbergen konnten, doch sie lachte immer mit und schaute sich neugierig in der Runde nach irgendwelchen Hinweisen um, wobei sie, glaube ich bestimmt, sicher war, daß wir von ihr begeistert waren.

Sie wurde schließlich doch alt. Ich glaube, sie hatte die Achtzig schon längst überschritten, als sie zu Harrison in ein kleines, enges Zimmer ziehen mußte, das mit ihren Möbeln und Kisten und Sachen so vollgepackt war, daß sie sich kaum darin bewegen konnte. Ich besuchte sie dort in dem kleinen Ort, der ein gutes Stück von unserem entfernt war. »Sie sagen, es ist ein verschlossener Ort«, sagte sie von dem Dorf in der Nähe der Küste von New Jersey. »Nun, ich sage euch, daß es ein verschlossener Ort ist — die Leute wollen nicht mit einem reden. Ja. Nicht freundlich. Sie sind überhaupt nicht freundlich. Sie wissen nicht, was sie verpassen.«

Wenn je eine Frau die Anforderungen ihres Lebens mit Einfalt und Anstand akzeptiert hat, dann war sie es. Es war ein freudiges und bewußtes Akzeptieren des Gegebenen. Wörter, die sich heute in unseren Köpfen festgesetzt haben wie ein schädlicher Pilz, wie Konfliktsituation, Frustration, Komplexe und so weiter, gehörten nie zu Frau Kershaws Wortschatz, das wäre auch gar nicht möglich gewesen. Sie war nicht an sich selbst interessiert. Sie konnte uns nichts über sich selbst oder ihre Gefühle sagen. Sie lebte für uns.

Ich denke an die Gegensätze, von denen Paulus in 2. Korinther 4 spricht. Es ist aufschlußreich, sie in zwei Listen aufzuschreiben und zuerst die eine und dann die andere zu lesen und sich zu fragen, welche das eigene Leben beschreibt.

in Trübsal	keine Angst
bange	unverzagt
in Verfolgung	nie verlassen
unterdrückt	kommen nicht um

»Man macht mir Kummer, und doch bin ich immer fröhlich. Ich bin arm wie ein Bettler und mache doch viele Menschen reich. Ich besitze nichts und habe doch alles« (2. Kor. 6,10).

Die Tatsache, daß Paulus das gesagt hat — Paulus, der alles verloren hatte —, sollte unsere Vorstellungen von dem, was »sich lohnt«, beeinflussen. Frau Kershaw hätte dasselbe gesagt. Ich bezweifle, ob sie jemals auf den Gedanken kam, daß es ihr in ihrem Leben an irgend etwas gefehlt haben könnte, worauf es ankam. Der Herr hat sein Angesicht über ihr leuchten lassen und ihr Frieden gegeben, und sie brachte dieses Leuchten und diesen Frieden jeden Tag mit in unser Haus.

Licht ist stärker als Finsternis

»Heute war ich den ganzen Tag über auf dem Flohmarkt der Shore Country Day School, der jedes Jahr einmal stattfindet. Das ist eine Riesensache und macht viel Spaß. Alle Eltern machten begeistert mit beim Würstchenverkauf und der Beaufsichtigung der Spiele. Überall flogen Ballons, Papierschlangen und Kreppapier herum. Es gab Musik, Wettbewerbe im Kuchenessen und im Cremetorte-Werfen (die Lehrer stellten freiwillig ihre Gesichter als Zielscheiben zur Verfügung), Tombola und so weiter. Ich hatte die Oldtimerfahrten unter mir. Als Fahrzeug diente das verkleinerte Modell eines Wagens von 1903 mit einem kleinen Gasmotor, das mit zehn Stundenkilometern über den Platz tuckerte. Die kleinen Kinder steuerten es, wobei immer ein Vater als ›Aufpasser‹ auf dem Trittbrett mitfuhr ...«

Das ist ein Ausschnitt aus einem Brief, den ich vor einigen Wochen von einem meiner Brüder erhielt. Ich höre ziemlich regelmäßig von ihnen und auch von meiner Schwester und meiner Mutter. Es scheint, als stünden heutzutage nur noch wenige in regelmäßigem Briefwechsel mit irgend jemand, und mit den eigenen Angehörigen schon gar nicht. Voller Terminkalender, hohe Postgebühren und Bequemlichkeit des Telefonierens sind die üblichen Ausreden.

Wir haben jedoch immer den Kontakt miteinander bewahrt, und zwar dank meiner Mutter, die, als wir das Elternhaus zum erstenmal verließen, um in eine Internatsschule zu gehen, damit anfing, Kopien unserer Briefe an die andern zu verschicken. Mit den Jahren machten wir es ihr etwas leichter und fertigten gleich Durchschläge von unseren Briefen an, und Woche für Woche, jahraus und jahrein, verbringt sie ein gut Teil ihrer Zeit damit, Durchschläge zu sortieren und in Briefumschläge zu stecken, die sie mit Adressen und Briefmarken versieht und um die ganze Welt herum verschickt — natürlich fügt sie auch immer ihren eigenen Brief mit fröhlichen Neuigkeiten hinzu, auf dem hinter fast jedem Satz ein Ausrufungszeichen steht! Oder ein doppeltes Ausrufungszeichen!! Oder Wörter in GROSSBUCHSTABEN!!!

In dem Brief meines Bruders war auch noch ein anderer Abschnitt, der sich ganz und gar von dem ersten unterschied: »Diese Woche brachte ich eine Mutter und ihren kleinen Jungen, der an akuter Leukämie leidet, zur Kinderklinik in Boston. Das Kind bekommt 1. Gehirnbestrahlung, 2. Chemotherapie und 3. obendrein noch furchtbare Spritzen in den Rückenmarkkanal.

Die Szene im Spielzimmer, wo all die kleinen Kinder mit ihren Müttern auf ihre ›Medizin‹ (so scheint man es zu nennen) warten, ist fast nicht zum Aushalten: all diese kleinen, kahlköpfigen, grauen, elfenhaften ›Gespenster‹ mit dunklen Ringen um die Augen. Ein kleines Mädchen am Stock. Kleine Knirpse mit ausgestopften Fröschen und Teddybären unter dem Arm. Nervenzerreißende Schreie aus dem Raum mit der Aufschrift ›Besondere Behandlungen‹ (gleichbedeutend mit Punktionen des Wirbelkanals und Knochenmarksbiopsie, denke ich).

Ein ganzer Raum voller Betten, in denen sie gestützt sitzen, während die tödlichen Chemikalien durch Plastikröhren in ihre Venen tropfen. Ein junges Mädchen, das in jenem Raum still auf der Seite liegt und dem Tränen über die Nase laufen. Ein farbiges Baby, das gerade noch genug Haare hat, damit seine Mutter zwei fingerlange Rattenschwänze von der Dicke eines gedrehten schwarzen Fadens zusammenbekam.«

Mit derselben Post kam ein Brief von einem anderen Bruder an: »Es war der achtzehnte April anno fünfundsiebzig... Jetzt, zweihundert Jahre später, sitze ich hier in einem Hotel fast in Sichtweite von der berüchtigten Berliner Mauer, die das Gegenteil all dessen darstellt, wofür Paul Revere eingestanden war. Gestern passierte ich diese Mauer in Richtung Ost-Berlin, und von dem Augenblick an, da ich nach sorgfältiger Kontrolle durch ›steinerne‹ Wachen hinüberging, bis ich wieder herüberkam — wieder unter den kalten Blicken mürrischer Wachen —, sah ich nie ein Lächeln auf dem Gesicht eines Beamten.

Im Gegensatz dazu verbrachte ich den Mittag und ganzen Nachmittag mit einer Gruppe von sechs fröhlichen, herzlichen Pastoren und christlichen Leitern, die mich umarmten, mir fest die Hände schüttelten, scherzten, mit tiefem Ernst beteten, mir (ja, nicht umgekehrt) Worte der Ermutigung zusprachen, mir zusagten, sie würden für mich beten, und mich zum Abschied segneten.

Ein Mann sagte: ›Alles ist grau hier, farblos.‹ Das gilt sowohl im wörtlichen als auch im übertragenen Sinn. Sehr wenig Farbe auf den Straßen, viele Gebäude immer noch ›pockennarbig‹ von Geschossen aus Straßenkämpfen gegen Ende des Zweiten Weltkriegs. Graue, traurige Gesichter. Ein anderer sagte: ›In diesem Land kann man nur dann ein glücklicher Mensch sein, wenn man Jesus kennt. Hier ist man entweder Christ oder kein Christ. Dazwischen gibt es nichts. Wenn wir keine äußerliche Freiheit haben, erfahren wir mehr von der wahren Freiheit in Jesus.‹«

Der Gegensatz in ein paar wenigen Abschnitten über diese Szenen — fröhliche Heiterkeit, Qual, Verfolgung —, die ich an einem Morgen schnell durchlas, während ich einen Stapel Briefe öffnete, warf wieder einmal die eindringliche Frage über Gottes Absicht und Ziel auf. Was erwartet er von uns? Wie soll der Christ, der sich in so gegensätzlichen Situationen wiederfindet, Gott begegnen? Ist es vielleicht am besten, nicht über ihn nachzudenken, wenn man bei einer Tortenschlacht zusieht? Sollte man versuchen, gar nicht zu denken — oder noch besser, gar nichts zu sehen —, wenn man eine Krebsstation für Kinder betreten muß? Sollen wir über das Leid auf der anderen Seite der Mauer lieber auch nichts lesen? Aber das ist kein Annehmen des Lebens. Das ist Flucht. Jene osteuropäischen Christen fliehen nicht, sie freuen sich. Wie kommt das?

Ein anderer Brief erreicht mich, diesmal von einer jungen Frau, die ich nicht kannte: »In diesem Jahr veranstaltet das Konzert- und Vortragskomitee von dem College, das ich besuche, eine Reihe von Vorträgen über das Thema: ›Was für eine Zukunft hat meine Generation?‹ Der Gastredner der gestrigen Veranstaltung war der schwarze Aktivist Stokely Charmichael. Obwohl ich schon längere Zeit über die Richtung beunruhigt bin, in die sich unsere Welt zu bewegen scheint, hat mich doch sein Vortrag samt den anderen veranlaßt, Ihnen zu schreiben.

Ich heirate im Juni. Meine Frage lautet: Welche Verantwortung hat Ihrer Meinung nach ein gläubiges Paar in bezug aufs Kinderkriegen? Ich weiß, daß Gott die Zukunft in der Hand hält, aber der Gedanke erschreckt mich, daß ich dazu beitrage, daß ein Kind auf eine unglückliche und instabile Welt gebracht wird.«

Musik, Ballons, Cremetorten. Gehirntumore, Stacheldraht, Tod. Das ist die Welt, in der wir leben. Seit der Garten Eden durch das Böse befleckt wurde, ist unsere Welt unglücklich und instabil. War es jemals richtig, ein Kind in solch eine Welt zu bringen? Für Christen ist es richtig — tausendmal richtig. Denn es ist Gottes Wille, daß Verheiratete die Verantwortung für Kinder auf sich nehmen. Es ist Gottes Wille, daß wir in der Welt leben — in dieser Welt des Lichts und der Finsternis, der Freude und des Leids —, denn es ist diese Welt, für deren Erlösung Jesus Christus kam. Das Christentum sieht als einzige unter den Religionen der Welt den Tatsachen fest ins Auge — wie sie auch immer aussehen mögen —, indem es sagt, daß es eine endgültige Erklärung, einen endgültigen Zweck, eine herrliche Antwort gibt.

»Euch gehört alles!« sagte Paulus. »Euch gehört die ganze Welt, das Leben und der Tod, die Gegenwart und die Zukunft. Alles gehört euch, ihr aber gehört Christus, und Christus gehört Gott« (1. Kor. 3,21—23: Gute Nachricht).

Wir können das Kind, das wir auf die Welt bringen, nicht beschützen. (»Dies, dies ist der Sieg des Grabes, des Todes Stachel, unser stärkster Flügel, daß nicht stark genug ist«, schrieb die Dichterin Charlotte Mew. »Doch was ist mit dem, der wie ein Vater Mitleid hat? Auch sein Sohn war einmal klein ...«) Aber wir können unser Kind zum Kreuz bringen, wo alles, was es an Verlangen, Hoffnung, Versagen, Sünde, Traurigkeit, Schmerz und Angst gibt, in unvergänglicher Liebe zusammengefaßt und für uns für alle Zeiten in Herrlichkeit, Schönheit und Freude verwandelt wird.

Wie steht's also mit dem Flohmarkt? Sollen wir versuchen, Gott da herauszuhalten? Warum? Er schaut zu. Er sieht, wie wir zuschauen. Stört er sich daran, daß wir uns darüber freuen? »Alles gehört euch!« Versuchen wir, ihm dafür zu danken.

Und was ist mit den Kindern, die an den Infusionsflaschen hängen? Er sieht sie. Er liebt sie. Er hat ihre Erlösung noch nicht vollendet. Können wir mit ihm zuschauen — zuschauen und beten und sie der unvergänglichen Liebe entgegenhalten?

Und die Gefangenen und Verbannten — auch sie haben einen Platz in seinem Plan. »Gott hat keine Probleme«, sagt Corrie ten Boom, »nur Pläne.« Wir leiden mit ihnen, weil sie Glieder am selben Leib sind. Doch unser chistlicher Glaube befähigt uns, fest und ohne unsere Augen zu verschließen, in die Zukunft zu blikken, sowie inständig zu beten und nicht zu verzweifeln, weil Jesus uns zuruft: »Seid getrost. Ich habe die Welt überwunden!« (Joh. 16,33).

»Schund-Nahrung«

Wenn man Hunger hat, so ist der Flughafen von Fayetteville in Arkansas nicht gerade der ideale Ort dafür. Die Auswahl von »Snacks« in den Selbstbedienungsautomaten ist beeindruckend, aber man findet absolut nichts, was den Namen »Nahrungsmittel« verdient. Man kann verschiedene Münzen (bis auf kleine) einwerfen und bekommt dafür Kekse, verschiedene Kartoffelchips-Sorten, Kartoffel-»Stix«, Schweineschwarten-Chips, Mais-Chips, »Cornies«, »Pub Fries«, »Cheddar Fries«, »Cheetos«, »Cheese Smackers« und sogenannte »Doritos«, »Bugles«, »Jammers« und »Dunkums«.

Neben diesem Automaten steht ein zweiter, der farbenfrohe Aluminiumdosen mit süßem, schäumendem Zeug anbietet, mit dem man all jene »Snacks« hinunterspülen soll — oder in das man sie eintunkt, nehme ich an. Ich will mir keine Gedanken darüber machen, in was für einem Zustand sich Blutzuckerspiegel, Nerven oder Heiligung befinden, wenn man zum Abendessen den Inhalt einer Getränkedose und eines Päckchens »Jammers« verspeist hat, doch bei reiflicher Überlegung bringt mich ein Blick durch die Warteräume fast aller Flughäfen — die Gesichtsausdrücke, das Verhalten der Vorschulkinder und die Bemerkungen, die man hört — einen Schritt weiter. Wir sind eine Nation von Menschen, die »überfüttert, doch unterernährt« sind, um den Titel von Curtis Woods Buch zu entlehnen.

»Schund-Nahrung« ist keine eigentliche Nahrung. Sie ist leicht erhältlich (wenn man das passende Münzgeld hat) und ist in augenfällige Hüllen verpackt, wahrscheinlich maschinell. Sie kann mit ins Flugzeug, zum Strand, ins Kino, zur Schule und ins Bett genommen werden. Man kann schnell danach greifen, sie in Eile hinunterschlingen; nichts muß vorbereitet, nichts außer den schmierigen Fingern saubergemacht werden. Sie schafft das ganze »Ritual« des Essens ab — den gedeckten Tisch, appetitlich angerichtete Speisen, die Gemeinschaft um den Tisch, die freie Zeit, die man dabei genießen kann. Wenn wir auch dieses »Ritual« abschaffen, was soll dann aus uns werden in einer Welt, die beinahe alle anderen Brauchtümer verloren oder abgetan hat?

Am schlimmsten ist jedoch, daß Schund-Nahrung zwar satt macht (und davon wird man dick), aber nicht nährt. Und erst die Nahrung macht stark. Ich saß auf einem Sitz aus gegossenem Fiberglas in Fayetteville, wartete auf ein kleines Flugzeug, das mich nach Tulsa bringen sollte, und sehnte mich nach ein paar dicken, knackigen Kirschen oder einer Scheibe Weizen-Honig-Brot, das ich zu Hause immer backe — also echte Nahrung.

Man verstehe mich nicht falsch. Ich mag Kartoffelchips. Ich mag Cheetos. Ich habe zwar die kommerziell abgepackten, gerösteten Schweineschwarten-Chips noch nicht probiert, die Dinge an sich aber auf jeden Fall genossen, die mir die Indianer in Südamerika gaben — aus einem Kessel mit heißem Fett gefischt, das in einer Urwaldlichtung über einem offenen Feuer blubberte, und mit einem Stück dampfendem Maniok oder einer in der Asche gerösteten Banane gegessen.

Wir sind Kinder unserer Zeit und Kultur. Wegen des Zeitplanes, den ich einhalten sollte, suche ich immer nach Möglichkeiten, meine Zeit besser auszunutzen, und eine davon besteht darin, daß ich mir Kassetten anhöre, während ich mit meiner Morgentoilette beschäftigt bin. Vor kurzem stellte ich den Kassettenrekorder ab. Ich war von dem, was ich gegenüber meinem Mann als geistliche Schund-Nahrung bezeichnete, verärgert. Ein Mann sprach nicht gerade sehr zusammenhängend über seine Gefühle, seine »bedeutungsvollen« Erlebnisse und wie er mit sich selbst, mit anderen und mit Gott in Berührung kam. Ohne Zweifel sagte er die Wahrheit, doch wurde die Heilige Schrift kein einziges Mal erwähnt, und es gab nicht viel, was mich ernähren würde.

Christliche Buchhandlungen haben in der Regel etwas »feste Speise«, Nahrung, wenn man sie finden kann. Wahrscheinlich liegen solche Bücher nicht in der Auslage, wo die Taschenbücher, Kassetten und Schallplatten sind, auf deren Hüllen Fotos vom Verfasser, Redner oder Sänger abgebildet sind — oft draußen auf einer Wiese, in einem weichen, dunstigen Licht und mit ein paar wilden Blumen aufgenommen. (Sind da nicht Parallelen, vielleicht in künstlichen Farben oder künstlichem Geschmack, zu erkennen? Wie steht es mit Konservierungsmitteln? Wenn ich recht verstehe, verwendet man Konservierungsmittel bei Nahrungsmitteln, um ihre Lagerzeit zu verlängern. Ich bin sicher, daß sich auch die Buchhändler ein paar Tricks ausgedacht haben, um ihre Waren ein paar Wochen länger im öffentlichen Blickpunkt zu halten. Doch was die Bewahrung der Haltbarkeit von Büchern in den Regalen anbelangt, kann kein Trick wahre Qualität ersetzen.)

Geschmacksrichtungen entwickeln sich. Vor ein paar Monaten beklagte Solschenizyn in seiner Rede an der Harvard-Universität den »Fernseh-Stumpfsinn«, in dem die Amerikaner leben. Er sprach von der Dekadenz der Kunst, von unerträglicher Musik, von Massenvorurteilen, geistlicher Erschöpfung, materiellem Überfluß und einem moralisch minderwertigen Glück. Er hat recht. Denn seine eigenen Erfahrungen mit dem Totalitarismus und dem Konzentrationslager verleihen ihm den richtigen Blickwinkel und die Autorität, unsere Gesellschaft zu beurteilen. Wir müssen auf ihn hören.

Ärzte haben festgestellt, daß sich aus einer Ernährung mit künstlichen, verfeinerten oder stark gezuckerten Speisen körperliche Erschöpfung ergeben kann. Könnte nicht ein Grund für die geistliche Erschöpfung, die Solschenizyn beobachtet, die geistliche Schund-Nahrung sein, die wir zu uns nehmen? Was soll mit dem Kind geschehen, das mit Knabbersachen, Dosengetränken und Fernseh-Mahlzeiten ernährt wird? Wird es jemals von selbst auf die Idee kommen, Gemüse zu essen oder gar es zu genießen? Wird der Christ, dessen geistliche Nahrung sich auf das in Massen Produzierte beschränkt, der nur an »Knabbermahlzeiten« gewöhnt ist und dessen Geschmack von der Mehrheit geprägt wird, jemals das wählen, was im echten Sinn nährt?

Was geistliche Dinge anbelangt, so läuft es letztlich darauf hinaus, daß wir lernen sollten, selbst etwas zu kochen. Zugegeben, es ist viel leichter, zu einer Tüte zu greifen. Doch manchmal sollten wir unsere Mahlzeiten von Grund auf selbst zubereiten.

Fangen wir mit der Stille an. Dazu kommt man in unserer Welt am schwersten. Es ist aber nicht unmöglich. Zunächst einmal braucht man den Willen zum Stillesein. Es ist möglich, in einer überfüllten U-Bahn oder in der Küche still zu sein, während der Speck brät, die Waschmaschine läuft und das Baby nach Milch schreit. Bei weitem leichter ist es, still zu sein, wenn alles um uns herum still ist. Für die meisten von uns bedeutet das früh aufstehen.

Heute morgen war ich in meinem Arbeitszimmer, bevor der Autoverkehr auf der 1A angelaufen war. Kein Laut kam von der Straße oder vom Haus. Nur das liebliche Zirpen der Grillen im Gras und das Krächzen einer Krähe in der Birke unterbrachen die Stille. Dennoch bedurfte es einer bewußten Willensentscheidung, still zu sein und zu erkennen, daß Gott der Herr ist. Meine Gedanken eilten von selbst zu den Dingen, die ich gestern getan hatte (den geliebten kleinen Hund einer geliebten Freundin begraben, meine Schwester aus dem Krankenhaus geholt, im Meer geschwommen, ein oder zwei Seiten geschrieben) oder die heute getan werden müssen (mehr als ein oder zwei Seiten schreiben, Besuch zum Tee empfangen, meine Mutter vom Flughafen abholen). »Seid still!« Das ist ein Befehl. Das hebräische Wort, das im 46. Psalm verwendet wird, kann auch »Halt den Mund« bedeuten.

Die Bücher, die für mich feste Speise und geistliches Getränk waren und sind, wurden bestimmt aus tiefer Stille heraus geschrieben. Männer und Frauen Gottes lernten von Gott, indem sie still waren und ihn in ihre Stille hinein sprechen ließen. Sie waren bereit, allein zu sein, still zu sein, zu hören und über das nachzudenken und zu beten, was sie hörten. In heutiger Zeit wählen die meisten Leute lieber den Lärm. Geht man zum Strand oder in ein Naherholungsgebiet im Wald, findet man Kofferradios, tragbare Fernseher und Kassettenrecorder. Sitzt man in einem Wartezimmer, hört man jenes »plappernde Gemisch« von Muzak, wie sich Malcolm Muggeridge ausdrückt. Die Leute wollen Lärm. Sie wollen viel lieber diskutieren als denken, über ihre Probleme reden als darüber beten, ein Taschenbuch darüber lesen, was jemand anders über die Bibel denkt, als die Bibel selbst lesen.

Wir können die Stille nicht ertragen. Und doch brauchen wir sie. Ich frage mich, ob die Beliebtheit der Transzendentalen Meditation nicht darin liegt, daß sie dieses Bedürfnis erkennt. Was auch immer darüber gesagt wird — ob TM eine Religion ist oder nicht —, so könnte doch das Ausmaß des Erfolgs, den sie zu haben scheint, zum Teil der einfachen Tatsache zuzuschreiben sein, daß ihre Anhänger täglich eine bestimmte Zeit in regungsloser Stille verbringen. Und das kann niemandem schaden.

Als eine von denen, die das schreiben, was in den Buchhandlungen ausliegt, von denen ich sprach, weiß ich, daß ich die Verantwortung dafür trage, für echte Nahrung zu sorgen. Deshalb richte ich mich zunächst an mich selbst — ich muß selbst »kochen«.

Was ich meinem Leser vorsetze, sollte kein schnelles Essen sein. Ich muß ihn nähren. Aber um das tun zu können, muß ich selbst gut ernährt sein. Was ich rede und schreibe, muß aus der Stille kommen, in der man nur eine leise Stimme hören kann.

Ich richte mich aber auch an meinen Leser. Suche, was der Seele gut tut, auch wenn es nicht in Taschenbuchformat geliefert wird. Lies hin und wieder ein altes Buch (zum Beispiel etwas von Luthers Schriften). Lege hin und wieder die Bücher und Kassetten zur Seite. Sei eine bestimmte Zeit lang für dich allein, still. »Der Mensch, der von mir lebt, wird wegen mir leben«, sagte Jesus. »Dies ist das Brot, das vom Himmel kommt« (in Anlehnung an Joh 6,35.33).

Nichts ist ausgeblieben

Ich lese sehr gerne Tagebücher. Abgesehen von dem einen, das ich in seiner handschriftlichen Originalfassung lesen durfte, nämlich das meines verstorbenen Mannes Jim Elliot, mußte ich mich auf veröffentlichte Tagebücher beschränken, zum Beispiel das von David Brainerd, einem der ersten Missionare, der zu den Indianern ging, von Katherine Mansfield, einer Verfasserin von Kurzgeschichten aus Neuseeland, von Anne Morrow Lindbergh, der Frau des berühmten Piloten, und von Mircea Eliade, einer rumänischen Professorin für Religionsgeschichte an der Universität von Chicago.

Jim begann aus Gründen der Selbstdisziplin ein Tagebuch zu führen. Er fing während seines ersten Jahres am College an, früh morgens aufzustehen, um vor dem Unterricht die Bibel zu lesen und zu beten. Er war realistisch genug, um zu erkennen, wie schlecht die Chancen standen, für ernsthaftes Bibelstudium und Gebet später am Tag Zeit zu finden. Wenn es auf der Liste der Dinge, die wichtig waren, Priorität hatte, mußte es auch zeitlich gesehen Priorität haben. Und damit er die teuer erkaufte Zeit nicht verschwendete, fing er an, bestimmte Dinge auf Papier festzuhalten, die er aus Gottes Wort gelernt und um die er im Gebet gebeten hatte.

»Es wird nicht als Tagebuch meiner Erfahrungen oder Gefühle geführt«, schrieb er darin, »sondern als ein ›Buch der Erinnerung‹, wodurch ich gezielt beten kann, weil es mich zwingt, meine Sehnsüchte in Worte zu fassen. Alles, worum ich bat, wurde mir nicht gegeben, und das Zurückhalten des Vaters dient dazu, mein Verlangen noch stärker werden zu lassen... Er verheißt dem Durstigen Wasser, dem Unbefriedigten (ich sage nicht Unzufriedenen) Erfüllung, dem nach Gerechtigkeit Hungernden Sättigung. Daß er sich selbst verborgen hält, hat in mir ein Verlangen geweckt, das erst gestillt werden kann, wenn Psalm 17,15 — ›Ich aber will schauen dein Antlitz in Gerechtigkeit, ich will satt werden, wenn ich erwache, an deinem Bilde‹ — in Erfüllung geht« (aus »The Journals of Jim Elliot«, herausgegeben von Elisabeth Elliot. Old Tappan, N.J.; Fleming H. Revell).

»Alles, worum ich bat, wurde mir nicht gegeben.« Das heißt, nicht in der Weise oder zu dem Zeitpunkt, womit er vielleicht gerechnet hat. Jim schaute das ersehnte Angesicht viel eher, als er erwartet hatte. Es ist erstaunlich, wenn man im Rückblick auf fast dreißig Jahre sieht, wieviel von dem, worum er bat, gegeben wurde, und zwar über seine kühnsten Träume hinaus.

Bei seinen Gedanken über die Offenbarung des Johannes betete Jim für eine größere Liebe für Gottes Gemeinde, die er »in schwankenden Ruinen« stehen und dringend einer Erweckung zu ihrer Berufung bedürftig sah. »Und wo soll ein Überwinder gefunden werden? Aber ach, sie alle bezeugen, daß keine Überwindung nötig ist... Doch Christus war unter den Gemeinden. Der Makel des Leuchters hat ihn nicht aus ihrer Mitte vertrieben; er ist noch da. Verwandle mich, o Herr Jesus, damit ich deine Sorge um dein Zeugnis sehe, und laß mich schreiben, veröffentlichen und der Gemeinde schicken, was ich sehe.«

Da ich Jim und den Zusammenhang, in dem er schrieb, kenne, bin ich ziemlich sicher, daß er nie auch nur davon träumte, ein Buch zu veröffentlichen. Er wollte bezeugen. Er wollte predigen. Er war zum Missionar berufen. Aber er hielt sich nicht für einen Autor. Wie dies dann doch zustande kam (seine Berühmtheit nach seinem Tod), kann im Rahmen seines Gebetes nicht aufgetaucht sein.

In seinem Gebet um Erweckung wurde Jim von dem angeleitet, was er in David Brainerds Tagebuch las. Eine Erweckung kam nämlich gerade dann, als Brainerd krank, mutlos und niedergeschlagen war und »kaum damit rechnete, daß Gott die Stunde seiner Schwachheit erwählt hatte«, schrieb Jim, »um Gottes Stärke zu bekunden«.

»Ich besuchte die Indianer in Crossweeksung«, berichtet Brainerd, »weil ich dachte, es sei meine unbedingt zu erfüllende Pflicht... Ich kann nicht sagen, daß ich irgendeine Hoffnung auf Erfolg hegte. Ich kann mich nicht daran erinnern, daß meine Hoffnung in bezug auf die Bekehrung der Indianer jemals so gering war ... und doch war das gerade die Zeit, die Gott für die geeignetste hielt, um sein herrliches Werk zu beginnen! Und so bewies er seine Stärke aus der Schwachheit heraus ... woraus ich lerne, daß es immer gut ist, dem Pfad der Pflicht zu folgen, auch mitten in Dunkelheit und Mutlosigkeit.«

Nach dem Zitat von David Brainerd läßt Jim in seinem Tagebuch ein Zitat folgen, das ich ihm aus einem Buch geschickt hatte, welches mir Mut gemacht hatte. Damals arbeitete ich für die Canadian Sunday School Mission im Buschland von Alberta. In meinem eigenen Tagebuch steht über den ersten Tag: »Alles ist neu und fremd für mich, und ich verspüre heftig, wie sehr ich die feste Burg brauche.« Am zweiten Tag: »Ich wachte um 4.30 Uhr mit den Hühnern auf. Machte mir ein kleines Frühstück und räumte mein kleines Heim [einen etwa viereinhalb Meter langen Wohnwagen] auf. In der heißen Ruhe des Nachmittags fühlte ich mich einsam, hilflos, verlassen, mutlos. Mir wurde durch 5. Mose 1,29—30 geholfen: ›Ich sprach zu euch: Entsetzt euch nicht und fürchtet euch nicht vor ihnen. Der Herr, euer Gott, zieht vor euch hin und wird für euch streiten.‹«

Das Buch »The Hidden Ones«* von Jessie Penn-Lewis zeigte mir Gottes Absicht in meiner Einsamkeit und Hilflosigkeit. Es waren ihre Worte, die ich Jim in einem Brief schickte: »Wenn der Heilige Geist die Seele durch das Abstreifen dessen, was man vielleicht gern ›geweihtes Ich‹ nennt, und sein Handeln führt, ist es wichtig, daß die Erfüllung aller äußerlichen Pflichten geschieht, damit der Gläubige lernt, nach Grundsätzen und nicht nach angenehmen Impulsen zu handeln.«

Das war eine geistliche Lektion, die mich in zahllosen späteren Situationen stärken sollte, in denen Gefühle oder Impulse nichts zu einer Vorliebe zum Gehorsam beitrugen. Gott läßt das Fehlen von Gefühlen oder, noch öfter, das Vorhandensein starker negativer Gefühle zu, damit wir einfach folgen, einfach gehorchen, einfach vertrauen.

Beim Lesen von Brainerd sah Jim den Wert seiner eigenen Tagebücher. Zudem wurde er »sehr ermutigt, über ein gottgefälliges Leben im Lichte eines frühen Todes nachzudenken«.

»Das Christentum wird von einigen analysiert, schlechtgemacht und abgelehnt; andere, die sich Christen nennen, betrachten es kühl, ordnen sich ihm unter und halten sich an seine Formen. Doch was für eine Leere in beiden!

Ich habe um neue Menschen gebetet, feurige, unbekümmerte Menschen, ergriffen von unbändiger, jugendlicher Leidenschaft

---

* Deutsch: Deine Verborgenen.

— erleuchtet vom Heiligen Geist. Ich habe um neue Wunder gebetet. Alte Wunder erklären reicht nicht aus. Wenn Gott als der Gott bekannt sein soll, der im Himmel und auf Erden Wunder tut, dann muß er für diese Generation Wunder hervorbringen. Herr, fülle Prediger und Predigten mit deiner Vollmacht! Wie lange wagen wir es, ohne Tränen, ohne moralische Leidenschaften, Haß und Liebe weiterzumachen? Ich wage es noch nicht lange, Herr Jesus, noch nicht lange, so zu beten.« Ich lese diese Gebete nun mit Ehrfurcht — neue Menschen, neue Worte, neue Wunder: Alles wurde infolge des Todes eines jungen Mannes erfüllt.

Am nächsten Tag, dem 28. Oktober 1949, als Jim zweiundzwanzig Jahre alt war, schrieb er: »Der ist kein Tor, der gibt, was er nicht behalten kann, um zu gewinnen, was er nicht verlieren kann.« Das war die Lektion, die er in Lukas 16,9 fand: »Machet euch Freunde mit dem ungerechten Mammon, auf daß, wenn es damit zu Ende ist, sie euch aufnehmen in die ewigen Hütten.«

Die Lektion enthielt in jener frühen Morgenstunde eine Anwendung für ihn. Er wußte damals nicht, wie erschütternd sie in seinem Leben angewandt, wie passend sie durch seinen Tod veranschaulicht und wie oft sie in den darauffolgenden Jahren zitiert werden würde.

Als er im Jahr 1953 zusah, wie ein Indianer in einem Urwaldhaus starb, schrieb er: »Und so wird es eines Tages auch mit mir geschehen, dachte ich immer wieder. Ich frage mich, ob der kleine Satz, den ich oft beim Predigen verwende, etwas Prophetisches an sich hat: ›Bist du bereit, in irgendeiner Eingeborenenhütte zu liegen und an einer Krankheit zu sterben, von der amerikanische Ärzte noch nie etwas gehört haben?‹ Ich bin noch bereit, Herr Jesus. Was auch immer du sagst, soll über meinem Ende stehen. Aber, o Herr, ich will leben, um dein Wort zu lehren. Herr, laß mich leben, ›bis ich dieser Generation deine Werke verkündet habe‹.«

Gott ließ ihn noch drei Jahre leben und erhörte dann jenes Gebet, wie er so viele erhört: geheimnisvoll. Fünf Männer aus einem kleinen Steinzeitstamm brachten ihn mit Speeren um. »Wir dachten, er sei gekommen, um uns zu essen«, sagten sie mir einige Jahre später, als ich ihre Sprache gelernt hatte.

»Warum habt ihr das gedacht?« fragte ich, wobei ich Gikita das kleine Mikrophon eines Transistor-Recorders an den Mund halte, der sich anscheinend entschlossen hatte, den ersten Speer zu werfen.

Er lachte. »Unungi!« Ohne Grund. »Wir haben uns nichts Bestimmtes dabei gedacht.«

Doch Gott, der den Lebensodem jedes lebendigen Wesens in seiner Hand hält, hatte sich etwas dabei gedacht. Er erhörte Jims Gebet auf geheimnisvolle Weise und »überschwenglich über alles« (Eph. 3,20), was er gebetet und gedacht hatte. Hunderte, vielleicht Tausende von Jims Generation, für die er gebetet hatte, wurden auf die Knie gebracht, manche von ihnen in einer lebenslangen Hingabe an den Ruf Christi. Nun liest eine andere Generation, die geboren wurde, seit Jim starb, den Bericht von seinem Dasein als junger Mann — den Tagen, die so unfruchtbar, so nutzlos, so ganz ohne ein Gefühl der Heiligkeit erschienen, in denen aber Gott am Wirken war und den Charakter eines Mannes formte, der sein Zeuge sein sollte; von den Gebeten, die zu jener Zeit nicht erhört zu werden schienen, die aber wie alle Gebete all seiner Kinder als Räucherwerk vor Gott aufbewahrt und nach einer Zeit erhört wurden, die Jim als große Verspätung vorgekommen wäre.

Ich denke an die Abschiedsbotschaft des alten Josua an die Ältesten, Häupter, Richter und Vorsteher von Israel: »So seid nun recht fest ... dem Herrn, eurem Gott, sollt ihr anhangen... Darum behütet eure Seelen wohl, daß ihr den Herrn, euren Gott, liebhabt ... und ihr müßt erkennen mit eurem ganzen Herzen und mit eurer ganzen Seele, daß nicht ein Wort gefehlt hat von all dem Guten, das der Herr, euer Gott, euch versprochen hat; es ist euch alles widerfahren, und nichts ist ausgeblieben« (Jos. 23,6.8.11.14; Schlachter).

Über Mutterschaft und Gottlosigkeit

»Wer von euch kleinen Halunken hat denn nun diese Bonbontüte in den Einkaufswagen gelegt?« Die Mutter machte einen etwas gequälten Eindruck.

Zwei Jungen, vielleicht fünf und sieben, blicken einander an und rennen zum Kaugummiautomaten neben der Supermarkttür. Den eingebauten Kindersitz des Einkaufswagens besetzt ein Zweijähriges, und an den Plastikstäben des Kindersitzes, über den Lebensmitteln, ist ein Baby festgegurtet. Die Mutter nimmt die Bonbontüte und will sie zurückbringen. Das Zweijährige schreit, die Mutter gibt nach, wirft die Tüte wieder zu den anderen Sachen, wartet geduldig, bis sie an der Kasse drankommt, fischt fünf Zehndollar-Scheine aus ihrer Tasche, nimmt ihre paar Münzen Wechselgeld entgegen und scheucht die zwei Jungen durch den Regen zu ihrem Kombi auf dem Parkplatz, wobei sie den Einkaufswagen mit den beiden Kleinen vor sich herschiebt.

Ich begleite sie in Gedanken. Im Regen aus dem Auto springen. Garagentor öffnen. Hineinfahren. Tor zumachen. Die Kleinen, die Jungen, die Taschen ins Haus — mit wie vielen Schritten? Das Telefon klingelt. Anruf entgegennehmen, das Baby umziehen, Dreckspuren vom Küchenboden aufwischen. Das Baby füttern, Eingekauftes wegräumen, Bonbontüte verstecken, anfangen, Gemüse zu putzen, Wäsche aus dem Trockner zu holen, Streit zwischen den beiden Älteren schlichten, das zweijährige Kind füttern, wieder ans Telefon, Kleider zusammenlegen, das Baby wickeln, die Jungen dazu bringen, erstens ihre Mäntel aufzuhängen, zweitens das Zweijährige nicht mehr zu ärgern, drittens den Tisch zu decken. Ofen anmachen, das Baby ins Bett bringen, Streit schlichten, das Zweijährige saubermachen, Hähnchen in den Ofen schieben, Anruf entgegennehmen, Gemüse fertigputzen, ausgeglichen und strahlend aussehen — der Mann kommt bald heim.

Ich sehe in Gedanken dieses unerbittliche Aufeinanderfolgen von Dringlichkeiten. Das gehört zum Muttersein. Ich sehe auch die Träume, die sie manchmal träumt — einen Roman schreiben, Verleger rufen an, Kritiker kommen herein. Fernsehinterviews,

Autogrammstunden, Werbereisen, ein Filmvertrag. Es sind alberne Träume. Probieren wir es mit etwas Realistischerem: kühles, modernes Büro, schöne Kleider, teures Make-up und eine Frisur, die den ganzen Tag hält. Eine Sekretärinnenstelle vielleicht, nichts Aufsehenerregendes. Aber es ist eine Arbeit, bei der tatsächlich etwas herauskommt, etwas, das man nicht gleich noch einmal machen muß. Es ist Arbeit, die um fünf Uhr aufhört. Sie hat einen Sinn.

Ich weiß, wie das ist. Ich habe eine Mutter. Ich bin eine Mutter. Ich habe eine Mutter hervorgebracht (meine Tochter Valerie hat ein zweijähriges Kind und erwartet bald ihr zweites). Ich beobachtete meine Mutter, wie sie mit einer Brut von sechs Kindern tapfer und tüchtig über die Runden kam. (»Wenn ein Kind all deine Zeit in Anspruch nimmt«, pflegte sie zu sagen, »können sechs nicht mehr in Anspruch nehmen.«) Wir waren — und sind es immer noch — ihr Leben. Ich verstehe das. Von all den Geschenken meines Lebens gehören die beiden bestimmt zu den größten: jemandes Frau und jemandes Mutter sein.

Doch ich beobachte meine Tochter und andere Mütter ihrer Generation und stelle fest, daß sie Angriffen ausgesetzt sind, die wir nicht kannten. Ihnen wird eindringlich und recht überzeugend eingeredet, daß Mutterschaft ein Klotz am Bein sei, daß Tradition Unsinn ist, daß alles, was man immer für »Frauenarbeit« hielt, sinnlos ist, daß »Rollen« (ein Wort, über das wir uns bis vor ungefähr zehn Jahren keine Gedanken gemacht haben) sich ändern, daß Weiblichkeit bloß eine Sache der gesellschaftlichen Prägung ist, daß es an der Zeit ist, Neuerungen durchzuführen.

Wenn in den Lesebüchern der Erstkläßler Bilder von einer Frau, die ein Feuerwehrauto fährt, und von einem Mann, der die Arbeit einer Krankenschwester tut, abgebildet sind, dann sieht man, was aus der Prägung wird. Schafft also feste Formen ab, und wir können die Mythen von Männlichkeit und Weiblichkeit abschaffen.

Ich höre diese Art von Phrasendrescherei, und oft kommen junge Mütter beunruhigt zu mir, weil sie die Argumente logisch finden und theologisch nicht widerlegen können. Im tiefsten Innern spüren sie, daß an der ganzen Sache irgend etwas schrecklich verdreht ist, aber sie können nicht sagen, was es ist.

Ich glaube, ich weiß, was es ist: Gottlosigkeit. Ich meine nicht das Fluchen. Ich rede nicht vom Übertreten des dritten Gebotes. Ich rede davon, daß das als sinnlos behandelt wird, was einen sehr tiefen Sinn hat; daß das als alltäglich behandelt wird, was geheiligt ist; daß das als bloße Nebensächlichkeit behandelt wird, was eigentlich ein göttlicher Plan ist. Gottlosigkeit ist, wenn man das Geheimnis, das dahintersteckt, nicht sieht.

Wenn Frauen — manchmal wohlmeinende, aufrichtige, wahrheitssuchende — sagen: »Geht aus dem Haus und macht etwas Kreatives, etwas Sinnvolles, etwas mit direkterem Bezug zur Wirklichkeit«, geben sie damit zu, daß sie die tiefste Bedeutung der Schöpfung, von Sinn und Realität nicht verstanden haben. Und wenn man anfängt, die Welt als etwas Undurchsichtiges zu betrachten, das heißt als Selbstzweck und nicht als etwas Transparentes, wenn man die andere (unsichtbare) Welt ignoriert, in der diese letztlich ihren Sinn findet, dann wird Hausarbeit (und jede Art von Arbeit, wenn man sie lange genug tut) natürlich langweilig und leer.

Aber was hat Einkaufen, Wickeln und Gemüseputzen mit Kreativität zu tun? Sind das nicht genau die Dinge, die uns davon abhalten? Ist es nicht gerade diese Schinderei, die uns in Fesseln hält? Hausarbeit ist fade und einengend, sie ist das, was eine bemerkenswerte Feministin als »ein Leben idiotischer Rituale, voll von unguten Vorahnungen und Mißerfolg« nannte. Ihr würde ich antworten: »Ritual, ja. Idiotisch, nein, nicht für Christen — denn obwohl wir dasselbe tun wie alle anderen auch und das immer wieder und auf dieselbe Weise, sind es gerade die normalen Handlungsabläufe des Alltags, durch die unser Leben verwandelt wird. Es ist das Gewöhnliche dieser Welt, das, weil das Wort ›Fleisch‹ geworden ist, mit Sinn, mit Barmherzigkeit, mit Gottes Herrlichkeit gefüllt wird.«

Doch gerade das vergessen wir so leicht. Männer wie auch Frauen haben auf diese sogenannten rationalen Behauptungen gehört, den tödlichen Irrtum nicht erkannt und klein beigegeben. Wörter wie Persönlichkeit, Befreiung, Erfüllung und Gleichberechtigung hatten einen überzeugenden Klang, und wir haben ihre landläufige Bedeutung nicht hinterfragt oder sie im prüfenden Licht der Heiligen Schrift oder auch nur unseres gesunden Menschenverstandes betrachtet. Wir haben bescheiden zugegeben, daß das Spülbecken ein Hindernis und kein Altar ist, und wir haben gehorsam die Kampfhaltung angenommen, die uns von denen eingeredet wurde, die die eigentlichen Werte herabgewürdigt haben.

Das meine ich mit Gottlosigkeit. Wir haben das Geheimnis vergessen, die Dimension der Herrlichkeit. Maria selbst zeigte uns das so schlicht und einfach. Indem sie ihren Leib zur Verfügung stellte und Gottesgebärerin wurde, verklärte sie ein für allemal und für alle Mütter den Sinn der Mutterschaft. Sie wiegte, fütterte und badete ihr Kind — wahrer Gott aus wahrem Gott —, damit, wenn wir unsere Kinder wiegen, füttern und baden, wir über diese schlichte Aufgabe hinaus auf Gott sehen mögen, der in Liebe und Demut unter uns wohnte und dessen Herrlichkeit wir sahen (Joh. 1,14).

Diejenigen, die nur die Eintönigkeit des Supermarktes oder die Zwiebeln oder die Windeln selbst sehen, haben keine Ahnung von dem Geheimnis, um das es hier geht, das Geheimnis, das sich in der Geburt des einen Kindes offenbarte und am Kreuz vollendet wurde: mein Leben für euer Leben.

Der Alltag der Hausarbeit und des Mutterseins kann als eine Art Tod gesehen werden, und das ist gut so; denn er bietet uns die Möglichkeit, Tag für Tag unser Leben für andere zu geben. Dann ist es kein Alltag mehr. Indem er mit Liebe bewältigt und Gott mit Lob dargebracht wird, wird er geheiligt, wie die Gefäße der Stiftshütte geheiligt waren — nicht weil sie sich in Qualität oder Verwendungszweck von den anderen unterschieden, sondern weil sie Gott dargebracht worden waren. Der Teil, den eine Mutter dazu beiträgt, daß ihre Kinder ernährt werden und ein angenehmes Leben haben, ist keine Kleinigkeit. Aufopferung und Demut sind dazu nötig, aber es ist, wie die Demütigung Jesu, der Weg zur Herrlichkeit.

Den Müttern unserer Zeit würde ich sagen: »Denkt immer daran, was Jesus Christus für einen Maßstab gesetzt hat. Er war wie Gott. Aber er betrachtete diesen Vorzug nicht als unaufgebbaren Besitz. Aus freiem Entschluß gab er alles auf und wurde wie ein Sklave. Er kam als Mensch in die Welt und lebte wie ein Mensch. Im Gehorsam gegen Gott ging er den Weg der Erniedrigung bis zum Tod. Er starb den Verbrechertod am Kreuz. Dafür hat Gott ihn über alles erhöht ...« (Phil. 2,5—11; Gute Nachricht).

Es ist ein geistliches Prinzip, das so weit von dem entfernt ist, was uns die Welt sagt, wie der Himmel von der Hölle: Wenn du bereit bist, dein Leben zu verlieren, wirst du es finden. John Keble drückte dies 1822 so aus:

> Wenn wir im Alltag danach streben,
> alles zu heiligen, womit wir leben,
> werden Schätze von unendlichem Wert uns begleiten,
> die Gott zum Opfer wird zubereiten.

C = Allgemeine Themen

1 Friedrich Hauß, Die uns das Wort Gottes gesagt haben
2 Curtis C. Mitchell, Jesus als Beter
3 Martha Pampel, Wer in der Liebe bleibt
4 Erich Schnepel, Wie sieht die Zukunft der Menschheit aus?
5 Martin Schacke, Der Brief an die Kolosser
6 Paul Humburg, Keiner wie ER
7 Richard Kriese, Hand in Hand durchs Leben
8 Hellmuth Frey, Handkommentar Jesaja, Bd. II
9 Anny Wienbruch, Adelheid, Königin und Kaiserin
10 Erich Schnepel, Gemeinde aktuell
11 Gerald S. Strober, Ein Tag in Billy Grahams Leben
12 Eckart zur Nieden, Mit anderen Worten
14 versch. Autoren, Christuszeugnis im Nebel des Zeitgeistes
15 Dr. Gerhard Maier, Die Hoffnung festhalten
16 Arno Pagel, Er weiß den Weg
17 Arno Pagel, Er bricht die Bahn
18 Arno Pagel, Er führt zum Ziel
19 James P. Leynse, Gobi
20 Werner Penkazki, Was ich glaube
21 Philipp J. Swihart, Der Tod – wirklich anders?
22 Kurt Zdunek, Das unsichtbare Band
23 Fritz Binde, Vom Geheimnis des Glaubens
24 Georg Huntemann, Diese Kirche muß anders werden
25 Anna Lawton, Frauen dienen Christus
26 Albert Zeilinger, Was soll ich tun?
27 Lee Bryant, Vom Glas beherrscht ... und endlich frei
28 Ernst Modersohn, Wie ihr beten sollt
29 Friso Melzer, Sadhu Sundar Singh
30 Dr. Gerhard Maier, Matthäus-Evangelium, 1. Teil
31 Alfred E. Stückelberger, Menschliches Wissen und Göttliche Weisheit
32 Johannes Jourdan, Du hast mich wunderbar geführt
33 Anny Dyck, Frieden, die Sehnsucht der Welt
35 Hildegard Krug, Leben zu zweit
37 Margaret Ford, Janani – Lebensgeschichte eines Märtyrers
38 Henry Brandt/Homer E. Dowdy, Christen haben auch Probleme
39 Henry Brandt/Phil Landrum, Ich will, daß meine Ehe besser wird
40 Maier/Rost, Taufe, Wiedergeburt, Bekehrung in evangelistischer Perspektive
41 George G. Ritchie, Rückkehr von morgen
42 Heinrich v. Knorre (Hrsg.), Seelische Krankheit – Heilung und Heil
43 Dorothy Pape, Wir Frauen und Gott
44 Richard Collier, Der General Gottes – William Booth
45 David Jaffin, INRI Jesus von Nazareth, König der Juden
47 Bäumer, Beyerhaus, Grünzweig, Weg u. Zeugnis
48 Hermann Riffel, Die Stimme Gottes
50 Marie Hüsing, Bis zur Schwelle
53 Krebs/Pagel, Du hast mein Leben so reich gemacht
54 Pat Anolte, Nie mehr allein
55 Roland Werner, Christ und homosexuell?
56 Kurt Hennig, Esslinger Predigten
57 Anne de Vries, Die Hand zur Versöhnung
58 David Jaffin, Die Welt und der Weltüberwinder
59 Peter Beyerhaus, Aufbruch der Armen
60 Walter Thieme, Mutter Eva

C = Allgemeine Themen

- 61 Elias Schrenk, Seelsorgerliche Briefe
- 62 Elsbeth Walch, Wenn's auch nicht immer leicht war, Mutter!
- 63 Clark H. Pinnock, Alles spricht dafür
- 64 Beth Jameson, Halt mich fest
- 65 William S. Deal, John Bunyan
- 66 Fritz May, Die Wahrheit über Jesus Christus
- 67 Rudolf Weth, Andres Bräm
- 68 Erich Schnepel, Lebendige Gemeinde im 20. Jahrhundert
- 71 Erwin Scharrer, Heilung des Unbewußten
- 72 James B. Irwin, Höher als der Mond
- 73 Kurt Scherer, Vergebung – das zentrale Problem
- 74 Werner Jentsch, Der Seelsorger
- 75 James I. Packer, Grundlage des GlaubensI – Die zehn Gebote, Taufe und Bekehrung
- 76 Anton Schulte, Nur ein kleiner Dicker
- 77 Josef Kausemann, Gnädig und barmherzig ist der Herr
- 78 Spiros Zodhiates, Töne ohne Melodie?
- 79 Gary Inrig, Gottes Kraft reicht weiter

B = Bibelkommentare

- 2 Gerhard Maier, Matthäus-Evangelium, 2. Teil
- 13 Heiko Krimmer, Bibelkommentar Band 13, Galaterbrief
- 24 Fritz Grünzweig, Bibelkommentar Band 24, Offenbarung des Johannes
- 25 Fritz Grünzweig, Offenbarung des Johannes, 2. Halbband

W = Werkbuchreihe »Wege zum Dienst«

- 1 Marie Jürgenmeyer, Frohes Feiern um die Bibel
- 3 Ada Lum, Befähigt zu lehren
- 4 Marie Jürgenmeyer, Frohes Feiern in der Advents- u. Weihnachtszeit
- 5 Charles Jefferson, Der Hirtendienst
- 6 Udo Ritter, Stunden der Begegnung
- 7 Wolfgang Heiner, Weihnachtsanspiele
- 8 G. A. Nelson, So erzählen wir von Jesus
- 9 Sprechmotetten, Jesus Christus Mittelpunkt unserer Feiergestaltung
- 10 May C. Schmidt, Bibelquiz – einmal anders
- 12 Marie Jürgenmeyer, Frohes Feiern mit Senioren
- 13 Wolfgang Heiner, Anspiele zur missionarischen Verkündigung
- 14 Horst Zentgraf, Hilfe, ich muß predigen
- 15 Fred Barber, Wer weiß mehr?